守正 融合 创新

电网企业融媒体优秀作品选

主 编 裴增雨

复旦大学出版社

序 言

党的二十大擘画了以中国式现代化全面推进中华民族伟大复兴的宏伟蓝图。这是一项伟大而艰苦的事业,前途光明,任重道远。另一方面,毋庸讳言的是,当前以及未来较长一段时间,都很可能是一个战略机遇和风险挑战并存、不确定因素增多的特殊时期,各种"黑天鹅""灰犀牛"事件随时可能发生。在此背景下,如何坚定不移地以中国式现代化推进中华民族伟大复兴,向海内外讲好中国的现代化故事、民族复兴故事,展现可信、可爱、可敬的中国形象,不仅关系着中国现代化事业的国际言说,更关系着中国道路的未来发展。

作为建设中国特色社会主义的重要参与力量,国有企业不仅是党和政府服务群众、联系群众的重要窗口,更是书写中国式现代化道路的重要窗口。正因为如此,面对全新的国际和国内政治环境、社会环境和媒介环境,进一步提升国有企业的宣传能力、对话能力和言说水平,不仅关系着中国式现代化的全球对话与建构,更关系着中华民族伟大复兴事业的整体成效和国内外舆论氛围。

回望新世纪以来的历程,在中国成为世界第二大经济体的过程中,伴随着世界格局的剧烈变化,特别是全球舆论环境和媒介技术的不断变革,如何讲好中国的现代化故事,除了面临着国内外发展环境的压力,更不断遭遇了来自媒介技术迭代、用户信息接触习惯变化的挑战。面对新情况、新问题,2019年3月,中共中央政治局第十二次集体学习正式提出,"要运用信息革命成果,推动媒体融合向纵深发展,做大做强主流舆论,巩固全党全国人民团结奋斗的共同思想基础"。在压力驱动与政策支持的双重作用下,有关"融媒体"的探索与实践如火如荼地展开。其中,除了各层级主流媒体机构外,以央企为代表的大型企业单位也积极参与了进来,成为我国"融媒体"

实践中的一支重要生力军。

伴随融媒体时代的到来，新闻宣传面对的整体环境、媒体平台、媒介技术、传播方式、话语体系等都发生了新变化，原本由专业机构特别是传统媒体掌握的信息生产与传播"特权"，逐步被稀释、被"平权"，普通用户、机构从被动的信息接收者走向主动，通过活跃的网络参与，成为传播主体，甚至能够与专业人员一较高下。用户深度参与到媒介内容生产—分发—消费—反馈的系统之中，推动信息生产与传播从专业内容生产为主（PGC，Professionally Generated Content）走向多元共存，用户生产内容（UGC，User-Generated Content）、职业生产内容（OGC，Occupationally Generated Content）、专业用户生产内容（PUGC，Professional User-Generated Content）、机器生产内容（MGC，Machine-Generated Content）等形式极大释放了内容生产能力，快速成为融媒体变革的重要力量，深深影响甚至改变了当前网络信息传播的格局和生态。

回顾、梳理和总结近年来的融媒体实践，守正、融合与创新，成为"融媒体"成功的三条主要路径。

所谓守正，就是指要遵循新闻宣传和品牌传播的基本规律。无论媒介技术如何迭代升级，无论是专业性的媒体机构还是企业的新闻宣传，都需要遵循基本的新闻传播规律并坚守新闻伦理规范，如新闻信息必须真实和新鲜，新闻报道必须迅速、及时，能够客观、公正地反映现实等，这些最基本、最核心的规律，构成了新闻传播的基础。不仅如此，新闻宣传必须高举旗帜、引领导向，能够弘扬和彰显社会主义核心价值观等，成为普遍遵循。当然，对企业品牌传播而言，能够讲好企业故事，传播好企业声音，履行政治、经济和社会等责任，塑造负责任企业品牌形象，也是品牌传播工作的应有之责。

所谓融合，就是指要顺应媒介技术和媒体发展的客观趋势。新媒体技术、媒体格局、社会信息生产的内容和结构、信息传播的技术和渠道、信息接收终端的形态和功能、信息消费的心理和习惯等，都发生了颠覆性变化。媒介技术深度融合，对媒体融合发展构成支撑作用，甚至在一定程度上发挥引领作用。5G已经成为基础性技术，超高清视频成为主流，5G+VR的全景沉浸式体验日益普及，大数据为媒介融合不断提供新动能，智能算法推送强化了信息的有效触达，各类用户的信息实时反馈与评估，进一步完善了用户画像，实现了更精准、更有价值的效果反馈闭环。

所谓创新，就是指要在传承中创新，在创新中传承。在融媒体时代，创新已经不仅仅是一句口号，而是成为了生存常态。面对日新月异的舆论环境，创新应用各种触手可及的新媒介技术，创新拓展各类信息传播平台，创新新闻宣传和品牌传播的形式，创新品牌故事的内容和讲述方式，已经成为新闻宣传和品牌传播的核心能力。特别是在"人人都有麦克风"甚至"人人都是主播"的时代，信息泛滥、碎片化，注意力稀缺成为主流，在此背景下，不断推进内容创新、形式创新、手段创新，为用户提供主题独到、思想深刻、观点新颖、价值独特的优质内容，成为新闻宣传和品牌传播的"流量密码"。

为了集中反映国企融媒体建设情况，展现融媒体创新探索和优秀实践，本书以电网企业为观察窗口，重点以国网浙江电力为遴选样本，对其近年来新闻宣传和品牌传播的融媒体优秀作品和案例进行分析点评，以点及面，见微知著。国网浙江电力历来重视新闻宣传和品牌传播工作，早在2019年4月，便在国家电网系统内率先成立了全国首家省级公司"融媒体"中心，并以此为支点全面推动电力物联网的"融媒体"云建设，着力打造具有电力特色的新媒体矩阵。在这其中，又以"浙电e家"最具代表性。作为国网浙江电力"融媒体"建设的探索先锋，"浙电e家"准确把握住了信息时代的发展脉搏，积极探索融合报道的全新组合方式，迅速成为浙江电力系统与社会对话、与人民对话、与国际对话的重要载体与桥梁。

本书还精选了部分南方电网、国网福建电力、国网江苏电力、国网四川电力、水电工程等融媒体优秀作品和案例，以作品集的形式汇集在一起，并邀请来自学界和业界的学者、专家进行深入分析和点评。从作品选题的独特性与新颖性、创作策略与叙事方式、整体构思与创意表达、融媒体理念与技术运用等诸多方面，进行分析和解读，期望从电网企业一篇篇融媒体作品和案例中发现值得总结和借鉴的方法路径，为国企进一步提升融媒体宣传成效作出探索。

从融媒体类型来看：有些作品采用图文并茂的方式，综合运用数据图表、实拍照片、视频短片等，大大丰富了表达方式，如《在中国内陆，打造一条马六甲航线！》；有些作品则以图表为主，通过环状图、折线图、柱状图、地形图等，将专业繁杂的数据转变得生动具体，大大降低了普通受众的理解难度，如《用电增长强劲　经济活力增强》；有些作品充分调动手绘长图、文字、视频的各自表现力，以全新的组合方式，描摹出了电网人的时代群像，如《浙江电力人的世界，请你不要猜》；有些作品甚至抛弃了传统的文字叙事方式，充分运用大数据技术，将电网领域的建设发展成就，以及与群众利益密切相关的问题，直接体现在一张张精心设计的手绘作品中、一幅幅冲击力强的摄影照片中、一则则引人入胜的视频短片中，如《数说中国电价体系》《今天，请看电网视界里的对称美》《自豪！破亿！！！》。

　　当然，我们汇集的这些探索之作，一些可能略显粗浅与不够娴熟，我们也期望充分发掘，彰显其时代意义，并期望在如何进一步认识媒介技术的力量，以及推动这股力量更好地为我国的现代化事业服务等方面，发挥最大限度的作用。

目录 CONTENTS

一、发展成就篇

1. 在中国内陆，打造一条马六甲航线！ / 003
   作品点评：跨越山河，传递能源与信任 / 016
2. 超级水电站，如何点亮中国？ / 020
   作品点评：在恢宏的叙事结构中展现大国重器 / 025
3. 自豪！破亿！！！ / 028
   作品点评：一场穿越时空的"浙电之旅" / 030
4. 数说浙江电力十年 / 034
   作品点评：数说十年，不负青山绿水，浙电勇立潮头 / 043
5. 哪一束光照亮了你的2021？ / 046
   作品点评：恢宏立意，记录佳绩，巧思点亮年度之光 / 050
6. 山海与共　不问西东 / 054
   作品点评：在国风艺术中展现国网壮美画卷 / 057
7. 用电增长强劲　经济活力增强 / 060
   作品点评：电力"数"读经济，描绘生机勃发新画卷 / 068

二、创新解读篇

1. 当"氢"遇到"可再生能源"就成了"绿氢"…… / 073
   作品点评：讲"好"故事，讲"好故事" / 080
2. 新型电力系统建设下，海量新能源消纳如何破题？ / 083
   作品点评：精巧"破题"，专业内容也能接地气 / 095

3 水电大省的"电"去哪儿了？ / 099
　　作品点评：在清新可爱的图文中讲述水电大省的
　　　　　　　卓越贡献 / 101

4 数说中国电价体系 / 104
　　作品点评：抓准时·掌握度·注重效 / 108

5 新观察：从电力消费指数看浙江 / 111
　　作品点评：围绕中心服务大局，把宣传工作做得更好 / 120

6 在浙江，窥见"未来电网" / 123
　　作品点评：发挥数字化牵引优势，
　　　　　　　浙电勇做"未来电网"的探路先锋 / 133

7 今天，请看电网视界里的对称美 / 136
　　作品点评：发现美在平常，记录奋斗在路上 / 149

8 短视频：别怕，我就轻轻拍一下 / 153
　　作品点评：以诙谐幽默的方式实现严肃内容的
　　　　　　　正向宣传 / 155

三、英模人物篇

1 这笔党费，我怕我等不及亲手交上去 / 161
　　作品点评：让人民成为"讲好党的故事"的真正主人 / 165

2 我是一个父亲，无论如何都不会松手！ / 168
　　作品点评：弘扬先进典型，彰显新闻力量 / 172

3 我在山间寻春之味 / 175
　　作品点评：小切口下大主题，写味道品深情 / 183

4 工作33年后　他长矮了8公分 / 187
　　作品点评：致敬电力楷模，激发"平凡英雄"的
　　　　　　　人物穿透力 / 192

5　叮！南网"空中玫瑰"在铁塔收到了一份超级外卖！　　/ 195
　　作品点评：在二次创作中致敬"高空舞者"　　/ 203

6　浙江电力人的世界，请你不要猜　　/ 206
　　作品点评：强信心·暖人心·聚民心　　/ 211

四、应急行动篇

1　风雨中，他们是谁的儿女，又是谁的父母……　　/ 217
　　作品点评：在建设性报道中引领舆论　　/ 226

2　一场"硝烟弥漫"的战役　　/ 229
　　作品点评：人定胜天，捕捉浙电勠力抗击高温瞬间　　/ 235

3　从浙出发　"豫"你一起　　/ 238
　　作品点评：聚焦援豫一线　彰显浙电温情　　/ 243

4　热作为：不易之年，你看到怎样的央企？　　/ 246
　　作品点评：聚焦大国重器，彰显制度优势　　/ 253

五、社会责任篇

1　总书记浙江考察中的电力"声音"　　/ 259
　　作品点评：以"四力"铸就新闻"品格"　　/ 265

2　壮美画卷徐徐铺展
　　——国家电网支持浙江高质量发展建设共同富裕
　　　示范区周年回望　　/ 268
　　作品点评：壮美画卷电力绘，聚力"共富"勇创先　　/ 283

3　春天的回响 | 打造数字化改革"先行示范窗口"　　/ 287
　　作品点评：巧思与专业并举，讲好"春天"的故事　　/ 296

4 看浙江电力如何下好先手棋 / 299
　　作品点评：站位高、导向明，交好"双碳"时代答卷 / 312

5 "后疫情"时代的转型冷思考 / 315
　　作品点评：新使命·新角色 / 326

6 9 119万千瓦！五创历史纪录！与法国相当，
　超过德国！ / 329
　　作品点评：正面报道的"人民性" / 340

7 在这片土地上，希望丛生 / 343
　　作品点评：鼓舞士气，讲好百姓追梦故事 / 346

一、发展成就篇

新中国成立以来,我国电力行业踔厉奋发、勇毅前行,实现了从小到大、从弱到强、从"用上电"到"用好电"。新时代,习近平总书记提出"四个革命、一个合作"能源安全新战略,为我国新时代能源发展指明了方向,开辟了能源高质量发展的新道路,指引着电力行业走出了一条中国式现代化电力发展之路。本篇汇集了电网行业近些年来的一项项重点工程、一件件国之重器、一次次创新突破、一段段发展历程,有力展现了电网企业在推动构建清洁低碳、安全高效的能源体系,助力经济社会高质量发展和人民生活品质提升中所取得的一系列成就。

1 | 在中国内陆，打造一条马六甲航线！*

全球能源危机正在加速世界能源版图重塑和能源结构变革。在以往，亚欧大陆两端，东亚与西欧长期依赖于俄罗斯和中东的能源供给，这种工业国与能源国之间的合作维持了相当长时间的繁荣，即使可再生能源在持续削弱化石能源的比例，但这一过渡过程也是十分缓慢的。

少数几个国家掌握了全球绝大部分的化石能源，这些能源大佬抖一抖，全球都得跟着震三震。

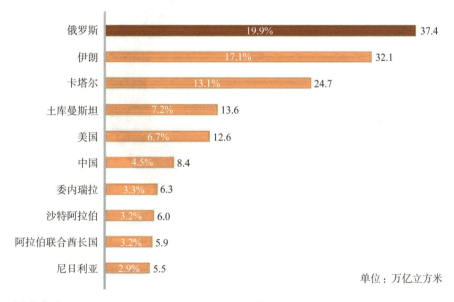

世界已探明天然气储量排行前十国家

国家	占比	储量（万亿立方米）
俄罗斯	19.9%	37.4
伊朗	17.1%	32.1
卡塔尔	13.1%	24.7
土库曼斯坦	7.2%	13.6
美国	6.7%	12.6
中国	4.5%	8.4
委内瑞拉	3.3%	6.3
沙特阿拉伯	3.2%	6.0
阿拉伯联合酋长国	3.2%	5.9
尼日利亚	2.9%	5.5

（数据来源：BP Statistical Review of World Energy 2021）

---

* 本文为"豆腐乳"发布于"地球知识局"，发布时间为2022-12-28，略作改动。

然而，俄乌冲突直接切断了俄罗斯能源与西欧工业体系的合作，冲突的长期化以及标志性的"北溪"天然气管道被破坏，无疑是对西欧工业前景的一次重创，更让全球能源系统脆弱性和不可持续性问题直接凸显。

中国能源安全，要掌握在自己手里

欧洲的前车之鉴告诉我们，中国应该加快构建清洁低碳、安全高效的能源体系。

清洁能源的潜力有多大，关键要看地理和自然禀赋。

在中国的能源结构中，化石能源占比仍然很高，中国的清洁能源还有很大的进步空间。

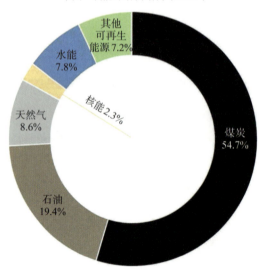

中国一次能源消费结构（2021）

（数据来源：BP Stats Review 2022）

在中国西部地区，空间广袤，地形复杂，蕴藏着丰富的各类可再生能源。

比如全国100米高度的风能资源开发量，西部地区占了78%，类似天山山脉、甘肃北山与阿尔泰山脉之间的通风廊道，都是天然的风能富集区，西伯利亚吹来的较强西风在这里进一步加速,这都是源源不绝的能量。

在新疆时常能见到伫立在戈壁上的大风车,将荒野的风转化成电能送给远方的城市。

西部地区由于高原多、干燥少雨,太阳能资源也极其丰富,比较全国各地的总辐照量,西北尤其是高原地带是辐照量最大的。相比之下,自宜宾以下的长江流域,太阳能资源就少很多。

西部地区本身差异也很大,西北各省、青藏高原、西南的云贵川,自然禀赋各不相同,相比西北的太阳能、风能,西南地区尤其是长江上游流域河流众多,地形落差大,水能资源非常可观。

(来源:图虫创意)

光是金沙江下游从攀枝花到宜宾的河段,全长782公里,就有着729米的落差。相比之下,三峡这一段的落差其实只有109米,从宜宾再往上游走

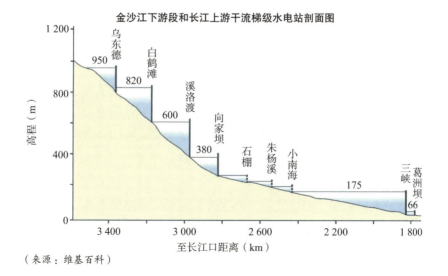

(来源:维基百科)

才是真正的水能富矿。

金沙江下游的落差也是真的大，水能资源很难不充沛。

目前金沙江自上而下分乌东德、白鹤滩、溪洛渡、向家坝四级开发，每一级都在建设一座能排进全球前十二位的水电站。其中规模最大、技术难度最高的是白鹤滩水电站，总投资高达2 200亿元，共安装16台单机容量100万千瓦水轮发电机组，目前所有机组均已投产，平均年发电量可达624亿千瓦时，能满足杭州68.5%的用电量。

白鹤滩水电站的16台100万千瓦的水轮发电机组，组成了有史以来最大的水力发电机。

（数据来源：CCTV纪录频道）

西部地区有着潜力巨大的清洁能源，但我们大部分的人口、经济发达城市、产业都在东部。这意味着东部很多经济重镇都无法能源自给。以江浙沪三地为例，该地区囊括了中国12.4%的人口和20.4%的GDP，2021年的用电量高达14 365亿千瓦时，但发电量只有11 194亿千瓦时，近四分之一的缺口全靠区域外调入。

江浙沪人口众多，经济发达，而这背后需要大量能源来进行支撑。

中国产业多，能源也多，但两者的聚集地却相隔千里。想要构建清洁低碳、安全高效的能源体系，就要把西部的产能地和东部的耗能地联系起来。

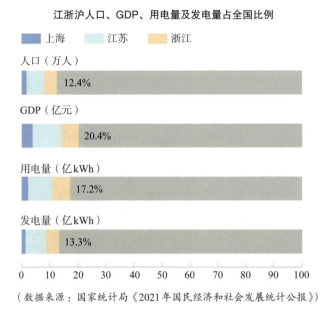

（数据来源：国家统计局《2021年国民经济和社会发展统计公报》）

为此，自20世纪90年代开始，"西电东送"工程启动建设，主要分为三个通道。北部通道将黄河上中游水电和山西、内蒙古的火电送往京津冀地区。中部通道将三峡和金沙江干支流水电送往华东地区。南部通道将云贵高原上乌江、澜沧江、南盘江、北盘江、红水河的水电以及当地的火电输送到广东。

白鹤滩水电站开建之前就被规划成"西电东送"骨干电源点之一，由于当时西部消纳不了太多电力，其规划发电很大一部分要输送到千里之外的东部。

在这一过程中，西部得到了投资和资源开发收益，潜在的资源优势转化成了经济优势，与东部发达地区形成能源供需绑定。近年来西部经济发展很快，四川等地的新增电力需求大，也需要调用电力，"西电东送"中摸索出的输电方法，很快也会助力四川等地的电力调入。

千里能源安全生命线

然而，发电是一回事，输电是另一回事，长距离输电并没有那么容易。通常的交流电电压输电，输电容量小，输电距离短，线路损耗高。从白鹤滩

到杭州,直线距离都有1 700多公里,如果是普通的电网输电技术,考虑到经济性等因素,其传输距离只有500公里左右。

想要减少远距离输电的损耗,还得开发特高压输电技术。

特高压输电技术是指交流1 000千伏、直流±800千伏及以上电压等级的输电技术,与较低电压输电方式相比,具有传输效率高、输电距离远、线路损耗低、节约土地资源的优势。

1 000千伏特高压交流输电线路输送功率约为500千伏输电线路的5倍,±1 100千伏特高压直流输电能力是±500千伏输电线路的4倍。

在输送相同功率的情况下,1 000千伏特高压交流和±1 100千伏特高压直流的输电距离分别是500千伏输电线路的4倍和5倍,而线路损耗则只有500千伏线路的25%。

当输送电功率相同时,采用1 000千伏线路输电与采用500千伏的线路相比,单位容量线路走廊占地减少30%,可节省60%的土地

(来源:中国电科院官网)

资源。

又是远距离，又是特高压，想要做成，其中的难关可一点都不少。比如特高压输电下，大电网安全控制问题如何解决？

目前，中国电科院建成了世界最先进的电力系统仿真平台，对超大型特高压交直流混合电力系统进行了全景仿真计算，模拟了10万多个故障条件和运行方式，充分验证特高压电网的安全可靠性，力求万无一失。

直流电和交流电的转化，需要关键部件换流阀。二十年前换流阀还需要进口，如今国产特高压换流阀已经可以从比医院脑外科手术的环境还要洁净100倍的生产车间出产，而且比国外产品额定电流更高，换流容量更大。

令人骄傲的成绩背后，是成千上万"电力人"的辛苦付出。

（来源：壹图网）

（来源：壹图网）

比如2016年8月投运的灵州—绍兴±800千伏特高压直流输电工程，不仅实现了换流阀国产化，还实现了世界范围内首次在±800千伏特高压直流系统网侧接入750千伏交流系统，大大提高了工程国产化率，提升了我国输变电制造业自主创新能力。

特高压输电设备维护也越来越智能化。智能化监测装置可以实时监测变压器核心部件套管的绝缘状态、运行情况，发现状态异常就会发出警报。检修期间，还可以用智能清污机器人安全高效地完成绝缘子清污工作。5G工业机器人也参与到了电力设备维护的工作中。

在几十年的不懈努力下，中国在特高压输电领域可谓独步全球，创造了多项世界纪录，中国特高压行业标准就是世界标准。

目前我国建成的特高压输电线路已有15交19直，光是国家电网公司就累计建成31项特高压输电工程，最远输电距离达到3 300公里，跨区跨省输电能力超过2.5亿千瓦，成为世界输电能力最强、新能源并网规模最大的电网。

像准东—皖南±1 100千伏特高压直流输电工程，起自新疆昌吉，终点在安徽宣城，线路全长3 324公里，额定电压±1 100千伏，输送容量1 200万千瓦，是我国自主研发的世界电压等级最高、输电容量最大、输电距离最远的特高压输电工程，每年可减少华东地区燃煤消耗约3 800万吨。

这条几乎横穿了整个中国的"电力高速路"，有力地保证了华东地区的电力供应。

又比如宾金、灵绍两条分别从西南、西北入浙的"西电东送"特高压

一、发展成就篇 ◀◀◀◀◀◀

（来源：壹图网）

直流输电工程，总功率超过1 400万千瓦，自投运来已累计向浙江输电突破5 000亿千瓦时。

东部发达地区的能源供应，相当一部分可以从拥有巨大清洁资源的西部，经由特高压"电力高速路"而来。这相当于将从波斯湾出发，经马六甲海峡至我国沿海的能源供应链缩短到国内，保障国内能源安全。在全球能源供应动荡的今天，不会被卡脖子显得更为宝贵。

电流奔涌向东,点亮长三角

在过去的十多年里,白鹤滩水电站建设起来了,特高压输电技术愈加成熟,而东部地区的用电量也飞速增长。

以浙江省为例,2005年到2021年,浙江11地市全社会用电量从1 642亿千瓦时增长到5 514亿千瓦时,增长了236%。十多年来,我们的生活方式和经济结构都发生了巨大变化,过去从未有过的生产生活模式推动经济发展,也推动浙江能源需求进一步攀升。

特高压送电入浙,亦成为了这片土地上一道独特的风景线。

这些日益增长的电能,支撑着我们去做很多以前做不到的事情。比如躺在床上刷着手机,就可以快速下单,买遍全球。与此同时,位于杭州的数据中心读取、处理数据,高速运转,响应全国。

源源不断输送来的电能,也让城市的美丽夜景得以展现。

绍兴越城区,工人们穿着特制洁净服,操作设备生产出一片片8英寸晶圆,跑出一个芯片IPO;台州玉环市,"未来工厂"里,生产线上各式机器代替工人,将金属"变身"成精密齿轮,管理人员透过电子屏实时了解车

一、发展成就篇

间情况并可远程操控；宁波慈溪市区，工厂接到来自欧洲的订单，开足马力，将取暖器、电热毯等"保暖神器"销往用能窘迫的欧洲家庭。

浙江省需要电网输送电能，西部水电站发电量大需要消纳——2021年7月，白鹤滩—浙江±800千伏特高压直流工程被核准，由国家电网投资299.24亿元建设。

2021年开工2022年就完工了，不愧是"中国速度"。

白浙工程线路起于四川布拖换流站，止于浙江浙北换流站。当初

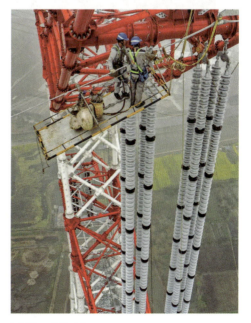

（来源：壹图网）

（来源：图虫创意）

在规划线路时，有南北两个方案。北方案途经四川、重庆、湖北、安徽、浙江，南方案途经四川、重庆、湖南、江西、浙江。南方案虽然路径较短，但平均海拔较高，在高海拔地区开展电网建设绝非易事，冬天易受冰冻影响，北方案经过重冰区的路径明显短于南方案，而且大跨越工程数量比南方案少3次，所以投资费用较小，工程建设及后期运行维护的难度也较低。经过综合考虑，北方案胜出。

最终确定的北线路全长2 140.2公里，共有4个大跨越工程，分别为四川宜宾岷江、重庆江津长江、湖北钟祥汉江、安徽池州长江。全线跨越220千伏及以上输电线路共148次。

这条银色丝带跨过长江及其支流、越过崎岖的丘陵和一望无际的平原，投产后电流顺流而下，每年给浙江增加外来输电800万千瓦、输送电量300

亿千瓦时，将进一步优化能源布局，有效支撑浙江用电需求。

长江之水在河道上奔涌，而白浙工程区段上奔流的是清洁的水电，每年相当于减排二氧化碳2 200万吨，也有效减少了空气污染，绿水青山就是金山银山。现在，浙江又将增加一条能源生命线。

浙江接收宾金特高压直流清洁水电超2 700亿千瓦时。

这就是作为一个统一大市场的中国，它的各部分由白浙工程这样的超级工程联系起来，充分发挥其比较优势，产业纵深大大拓宽，能源安全得到保障。纵然山河阻隔，最优配置的合作能通过特高压等手段，跨越山河，传递的不仅是能源，还有信任。

这是因为，白浙工程是一项跨地域资源调配工程，紧密连接了能源产出地和消耗地，平衡了电力供需，扩大了产业纵深，保障了能源安全。

特高压输电工程受惠的不仅是东部。西部通过能源输出，可以获得大量公共资金，使医疗、教育、科研、生态、社保等惠及全民的事业更上一

（来源：图虫创意）

层楼。西部输送出去的资源对其自身的回报也是丰厚的。

特高压输电，就是能源领域中国人拧成的那一股绳，这项技术成了全球独一份的浪漫——将地形地貌不同、地理位置相隔千里、资源禀赋完全不同的地方，连接成各有分工又和谐有序的统一大市场，产业生命力无比旺盛。

中国建造，也是中国人的一种浪漫。

这是我们的祖先跨过山河形成的文化和历史。如今我们也能站在他们的肩上，将清洁能源用我们这个时代的创新，以宇宙间最快的速度，跨过山海，点亮千家万户。

那一刻的万家灯火，就是我们的底色。

作品点评

跨越山河，传递能源与信任

习近平总书记提出"四个革命、一个合作"能源安全新战略，为我国新时代能源发展指明了方向，开辟了能源高质量发展的新道路。在全球能源危机加速世界能源版图重塑和能源结构变革的今天，文章生动介绍了担负起输送清洁电力、推动能源转型的历史重任的"西电东送"工程，鲜活展现了该工程如何推动我国的能源生产和消费革命，促进经济发展和生活方式的改变。

一、选题策划："前瞻"工程回应全球问题

2022年的俄乌冲突切断了俄罗斯能源与西欧工业体系的合作，而东亚与西欧长期依赖于俄罗斯和中东的能源供给，这让全球能源系统的脆弱性和不可持续性问题凸显。

长期以来，中国能源与需求逆向分布，西部地区有着潜力巨大的清洁能源，但我国大部分的人口、经济发达城市、产业都在东部，东部很多经济重镇都无法能源自给。这种不平衡促使中国加快构建清洁低碳、安全高效的能源体系，指引着我们把西部的产能地和东部的耗能地联系起来，从2001年到2010年的十年间里建设"西电东送"工程。

二、标题设计："荒诞"标题凝练作品核心

众所周知，马六甲海峡是连接沟通太平洋与印度洋的国际水道，而标题中，却要在中国内陆地区打造一条"马六甲航线"，这样反常识甚至有些荒诞的标题，最大程度激发了读者的好奇心，引发了读者的阅读兴趣。

这个谜底，也在正文中进行了揭晓。"东部发达地区的能源供应，相当一部分可以从拥有巨大清洁资源的西部，经由特高压'电力高速路'而来。这相当于将从波斯湾出发，经马六甲海峡至我国沿海的能源供应链缩短到国内，保障国内能源安全。"原来，作者是借"马六甲航线"生动比喻"西电东送"工程大通道，并介绍了该工程的起点、运输过程以及终点。

三、内容讲述："融媒"科普打造家国情怀

在语言方面，"生动"与"网感"相结合。作为专业性强、科普性质的作品，作者对文字精心打磨，力求生动且具备文字张力，例如"电流奔涌向东，点亮长三角""这条银色丝带跨过长江及其支流、越过崎岖的丘陵和一望无际的平原"，银色丝带的比喻，"奔涌""跨过""越过"等动词，都有着一种流动之美。同时，作为网络发布的融媒体作品，文字要具备一定的"网感"，文中"这些能源大佬抖一抖，全球都得跟着震三震"等语句风趣幽默，

具备较强"网言网语"调性,十分符合网民的语言风格与聊天习惯。

在结构方面,层次分明,逻辑清晰。本文从介绍全球政治和能源环境引出"中国应该加快构建清洁低碳、安全高效的能源体系"。第一部分介绍西部地区有着潜力巨大的清洁能源,前瞻建设"西电东送"工程,建设白鹤滩水电站,将潜在的资源优势转化成经济优势;第二部分介绍利用特高压输电技术将西部的电送往东部;第三部分讲述在"西电东送"工程的支持下,东部地区的用电量虽然飞速增长,但仍能满足需求。从"西电东送"的起点,到路途,到终点,作者一一向我们娓娓道来。

在数据方面,生动直观,阅读便利。本文在引用数据时大量运用了"做比较"的手法,让读者感受更加直观。如"1 000千伏特高压交流输电线路输送功率约为500千伏输电线路的5倍",将特高压输电技术的传输效率、输电距离、线路损耗、占用土地资源一一与较低电压输电方式相比,并用比例数据展现其特质。又如"如今国产特高压换流阀已经可以从比医院脑外科手术的环境还要洁净100倍的生产车间出产",将一尘不染的手术室作参照物,展现出国产特高压换流阀的科技强大。

在情绪方面,事实与情感共同传递出地位与自豪。在"特高压输电技术走到了世界领先位置"的事实面前,文中的语句传达出不同的情感:"就是能源领域中国人拧成的那一股绳",形象展现出国民凝聚力;"这项技术成了全球独一份的浪漫"生动表达了民族自豪感;"以宇宙间最快的速度,跨过山海,点亮千家万户",诗意展示了创新和奋斗精神;"那一刻的万家灯火,就是我们的底色",彰显了美好生活的温暖。

四、融媒制作:"专业、美观"营造双重享受

图示运用得当,展现出文章的科普性。在论证地区资源和需求的不平衡时,插入百分比堆积条形图;在讲述中国的化石能源占比仍然很高,清洁能源还有很大的进步空间时,则适时插入圆环图。

列出参考资料,加强了文章的严谨性。很少见到一篇新媒体作品会列出参考文献来,本文不但标注规范而且来源广泛,既有人民网、新华网等传统媒体,又有《中国能源报》《国家电网报》等行业媒体,还有中央纪委国家监委网站、国务院国有资产监督管理委员会等政府官网,增强了读者对文章

内容的"信任感"。

融媒制作美观。一是配色,文中大量运用地图作为补充说明,各地图呈现形态各异,但都运用红蓝色系,色调统一且和谐;二是配图,大量壮阔的风景图片,给人以视觉的震撼,更让融媒作品显得层次丰富;三是文字突出,本文将小标题与重点内容都用蓝色字体标记出来,将数据同时加黑加粗,让读者能轻易捕捉到作者想要表达的重点。

五、效果反馈:直接点赞电力行业奉献者

该作品在微信公众号"地球知识局"、搜狐网、新浪新闻、中国网、凤凰网等平台上发布,读者反应热烈,浏览量达到10万+;知乎平台、"网上国网95598"转发了该文章;此外,还有一些自媒体大V和一些官方网站转发了该作品。

从网友反馈来看,有网友留言"我兔(网络流行语,指中国)就是这么实在、实际、实地地做事!就是这么狂魔!就是这么'敢叫日月换'!"获得了最多人点赞,彰显网友们的民族自豪。还有网友直接点赞"这些建设者都是人民英雄",彰显网友对电力能源行业的奉献者的感恩。知乎评论区有网友留言"干货满满啊",则是对本作品水准的肯定。

2 | 超级水电站，如何点亮中国？*

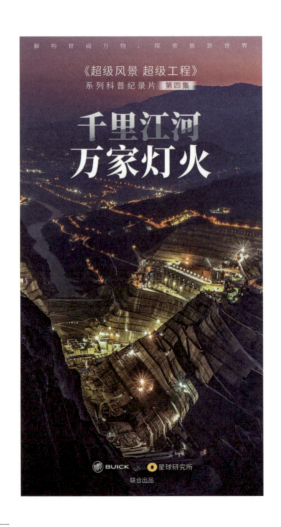

* 本文为李政霖发布于"星球研究所"，发布时间为2022-01-11，略作改动。

在中国
你用的每10度电中
就有约2度来自奔流的江河
而在这张强大的电网背后
是超过40 000座水电站的水电世界

时至今日
世界上规模最大的水电站
在中国
长江三峡水利枢纽工程
凭借2 250万千瓦的总装机容量位列世界第一

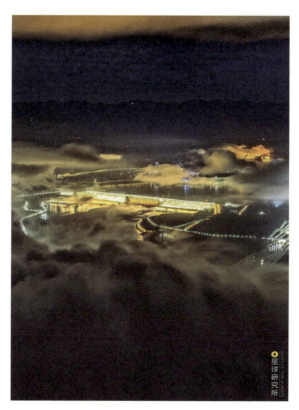

（来源：黄正平摄影）

世界上最高的大坝
在中国
雅砻江锦屏一级水电站
凭借305米的坝高在当今世界已建成的大坝中位列第一

(来源:中国能建葛洲坝集团官网)

一、发展成就篇

世界上最强的水电"心脏"
单机容量百万千瓦的水轮发电机组
也在中国
金沙江白鹤滩水电站
其关键设备水轮发电机组单机容量100万千瓦
位列世界第一

（来源：柴峻峰摄影）

我们为什么拥有
如此众多的超级水电站？
又是如何做到的？

让我们一起前往
中国最大的水电基地
寻找答案

实地体验
超级水电站
如何点亮中国

一、发展成就篇

（原视频请扫描二维码观看）

在恢宏的叙事结构中展现大国重器

习近平在党的二十大报告中指出，要加强全媒体传播体系建设，塑造主流舆论新格局。全媒体传播体系建设的关键在于优质内容的创作与传播。2022年1月11日，"星球研究所"发布了《超级风景 超级工程》系列科普纪录片第四集《超级水电站，如何点亮中国？》，该视频在微信公众号、微视频、B站等新媒体平台同时上线，反响热烈，被众多权威媒体转发。截至2022年11月11日，微信公众号文章获得了10万+阅读量和1 730次点赞；微视频获得了6.2万次点赞，8.3万次转发，1 131条留言；B站同步上线了4K高清版本，获得了2.2万次点赞，2 447次转发，6 582次收藏。该纪录片制作精良、画面震撼、叙事恢宏，全面展现了大国重器中的超级水电站。

一、多重悬念设置，构建逻辑缜密的叙事线索

该纪录片采用了悬念引领式叙事结构，通过不断提出新的问题引发观众的注意与思考，叙事结构层层递进，逻辑严谨，在介绍一系列超级水电站的基本情况时，也对观众进行了相关知识的科普。

视频首先从三峡大坝切入，由真人出镜解说，引出长江上游及西南地区的其他水电站，并提出第一组悬念问题引领全篇："为什么在西南地区会有这么多的水电站？我们是如何在这片土地上建造起这些庞然大物的？而它们又会给我们的生活带来什么？"提出问题后，解说员给出了答案指引："让我们去这片超级山河中寻找答案。"同时呈现视频主题"超级水电站 如何点亮中国？"在介绍了长江、金沙江的基本地质条件后，视频进入第一个小标题

"超级大坝（MEGA DAMS）"，解说员提出了第二组悬念问题："在波涛汹涌的大江大河之上，要如何才能利用这些能量呢？"随后给出了答案："首先，我们需要一座大坝。"在此部分，视频介绍了金沙江下游的第一座超级水电站"向家坝水电站"，其坝体类型为"重力坝"。

在讲解水电站大坝建设耗费的惊人数量混凝土后，解说员提出了第三组悬念问题："那么，是否还有别的形式呢？"进而引出与众不同的白鹤滩水电站大坝。在介绍该大坝时，解说员提出第四组悬念问题："如此轻薄的坝体却可以承受1650万吨的推力，与15 000多个长征五号火箭的起飞推力不相上下，这又是如何做到的呢？"随后引导观众找寻其中的奥秘，并科普了"拱坝"的特征与优势。

在介绍水能转换电能时，视频进入第二个小标题"超级电厂（MEGA HYDROPOWER STATIONS）"，针对峡谷中的水电站，解说员提出了最后一组悬念问题："在狭窄的山谷里，这些设备又该安放在何处呢？"随后引导观众找寻答案："秘密就在我身后的这座大山里。"多重悬念的设置与自问自答的方式，让叙事逻辑非常缜密，也将观众不断带入新的场景和知识语境中。

二、多元拍摄技法，营造强大的视听冲击效果

该纪录片恢宏的叙事也表现在多元的拍摄技法中。采用不同镜头和不同视角进行拍摄，结合背景音乐与闸口磅礴的水流声，给观众带来了震撼人心的视听体验。

视频中呈现的所有水电站坝体，都采用了航拍、长焦、广角镜头等进行拍摄，这种高空鸟瞰的拍摄视角体现出恢宏的气势和壮阔的景观，将大国重器风貌展现得淋漓尽致；在真人出镜详细解说及科普过程中，视频采用了固定或移动机位的长镜头，让人物和背景更加真切，长镜头与短镜头的默契配合，让视频场景转换节奏恰到好处，镜头的转换引导观众跟随叙事线索不断进入新的场景；在拍摄无法体现的方面，视频采用了CG动画特效，如表现我国的地理落差，直观呈现坝体内部结构和水轮机组构造特征等；视频还采用了白鹤滩水电站大坝1 510天浇筑的延时摄影，令人震撼。

三、多组数据比较，升华故事背后的情感认同

该纪录片在叙事推进的过程中，善于直观展示相关数据，并进行时空维度上的比较，让观众直接获得相关信息的同时，也更容易对壮丽的"西电东送"之网、对祖国的发展强大、对电力建设者的卓越贡献产生情感上的认同与共鸣。

在比较重力坝与拱坝的建筑材料消耗时视频指出，属于重力坝的向家坝，其混凝土浇筑总量就高达1 400万立方米，足以填满6 000多个国际标准游泳池；而属于拱坝的白鹤滩水电站大坝，高289米，坝顶最窄处宽14米，混凝土用量不到向家坝的60%，但却可以承受1 650万吨的推力，与15 000多个长征五号火箭的起飞推力不相上下。这得益于特殊的地理条件，更源于我国技术的革新进步和水电建设者的不辞辛劳。视频还列举其他著名拱坝，如240米高的二滩大坝，270米高的乌东德大坝，以及目前世界排名第一的高达305米的锦屏一级水电站大坝。在时间维度上，视频描述了我国水电技术历经数十年的发展进步，逐渐领先于世界的奋斗历程。20世纪90年代，我国只能生产30万千瓦机组，而后三峡大坝采用的是70万千瓦，溪洛渡水电站77万千瓦，向家坝水电站80万千瓦，乌东德水电站85万千瓦，而白鹤滩水电站的机组是100万千瓦，全球之最。

从数据中也可以看到中国水电承载的历史使命和责任。2020年，我国水电总发电量为13 553亿千瓦时，相当于节约标准煤4.3亿吨，减排二氧化碳11.2亿吨，正如解说员在视频结尾所言，"利用这片山河的馈赠，去点亮中国大地上的万家灯火，去支撑现代化的滚滚浪潮，去创造一个充满希望的美好明天"。

3 自豪！破亿！！！*

1921年，中国共产党宣告成立；1921年，浙江电力在坎坷中前行。

1949年，中华人民共和国成立；1949年，浙江全省总装机容量3.3万千瓦。

---

* 本文为洪隽发布于"浙电e家"，发布时间为2021-07-13，略作改动。

一、发展成就篇

1978年，全面实施改革开放；1978年，浙江全省最高负荷91万千瓦。

2021年，浙江全社会用电负荷突破一亿千瓦。

清洁、高效、智慧、互联的能源互联网正在绘就。

（原视频请扫描二维码观看）

作品点评

一场穿越时空的"浙电之旅"

一、选题：献礼党的百年华诞

2021年7月，中国共产党成立100周年之际，浙江电网最高用电负荷突破一亿千瓦，继广东和江苏两省之后，成为了国内第三个最高负荷过亿的省级电网。最高用电负荷安全顺利地站上一亿千瓦的重要关口，这一里程碑意义成绩的达成，离不开浙电人的辛勤耕耘和默默付出，也标志着浙江电网的建设发展水平和保障能力迈上了一个全新的台阶。建党百年之际，以"破亿"作为重大新闻选题，释放了浙江经济社会发展进入新阶段的鲜明信号，反映了之江大地上持续迸发出的勃勃生机，这必将成为国网浙江电力向党的百年华诞献上的一份厚礼。

二、呈现：强烈的融媒体创作意识

标题设计巧设悬念。以"自豪！破亿！！！"为题开门见山，简洁有力地点出了本作品希望传递的核心信息，流露出作品中所蕴含的真情实感，四个感叹号的使用更是将自豪的情绪推上了顶点，几乎要溢出屏幕。同时，悬念式的表述也为观众埋下了对于视频内容好奇的种子："是哪个数据破亿，才让人如此自豪？"以此吸引更多的观众点击观看，共同感受这份自豪与喜悦。

呈现形式直击感官。纵观浙江电力的发展史，始终与中国共产党的发展史、新中国的发展史同向同行。作为建党百年的献礼之作，如果只是简要通报一下"破亿"的喜讯，难免显得单薄且难以阐明其背后的深刻含义；而如果以文字形式来展现浙江电力的百年发展历程，其宏大的篇幅则难以通过新闻的形式来呈现，且很难激起读者的阅读兴趣。因此，基于珍贵的历史照片、丰富的影像资料、数据的可视呈现、拍摄的多样视角，主创团队以强烈的融媒体创作意识，选择采用短视频的形式，直观展现国网浙江电力百年来的风雨兼程、沧桑巨变，鲜活演绎几代浙电人接续奋斗所取得的一系列伟大成果。

配乐选取波澜壮阔。主创为本视频选用了蜚声国际的德国作曲家——汉斯·季默的作品 *Here I Am* 作为背景音乐，其恢宏的旋律、磅礴的气势，营造出雄浑壮阔的氛围，与视频中所呈现的百年沧桑和伟大成就相得益彰，进一步强化了沉浸式体验。

三、结构：浓缩百年巨变的"金线"

一条颇具匠心的"金线"，贯穿于这段短片的始终。这条金线，既是时间轴，以编年史的方式，将众多在新中国历史和浙江电力发展史上的里程碑节点相互交织；又是发展轴，以用电负荷曲线的形式，以数据可视化的方式动态呈现了一个世纪以来之江大地上翻天覆地的巨变。最终，这条合二为一的金线，串起了一串美丽的电力"珍珠项链"。

1921年,"百年党史"与"百年浙电史"同步启幕。中国共产党宣告成立,浙江电力在坎坷中前行,当年全省发电量仅为"0万千瓦",是名副其实的一穷二白。

1949年,中华人民共和国成立,浙江全省总装机容量增长到3.3万千瓦,比1932年高出一倍以上。

1978年,全面实施改革开放。当年,浙江全省最高负荷历史性地达到91万千瓦。此后,用电量曲线以几乎90度的方向垂直向上攀升,以直观且强烈的视觉冲击力凸显了国网浙江电力在服务于浙江经济社会发展、加快浙江电力工业发展中不断成长壮大。

新时代,国网浙江电力始终不渝践行习近平总书记对浙江电力"宁肯电等发展,不要发展等电"的重要嘱托,坚持走在前、作示范!"浙江迈入特高压时代""建成'两交两直'特高压为核心的骨干网架""世界最高输电铁塔、舟山500千伏联网工程、创新提出建设'多元融合高弹性电网'"……浙电人创造出一个又一个奇迹,浙江的经济社会发展驶入了高质量增长的快车道。

2021年,中国共产党百年华诞!此刻,冲天的金线化身为黑夜中最绚烂的焰火——"2021浙江全社会用电负荷突破一亿千瓦"在钱塘江上空华丽绽放,标志着浙江由"西湖时代"大步迈向"钱塘江时代",将观众的情绪推向了最高潮。

这段时长仅为1分51秒的短视频,依靠选题的精准、标题的引人、绚丽的特效、剪辑的力量、配乐的氛围,取得了累计阅读10万+、点赞5 000+的骄人成绩。

四、尾声:"凡是过往,皆为序章"

未来的征程仍在前方。在灿烂的烟花之后,视频紧接着画风一转,蓝天白云、绿水青山——"清洁、高效、智慧、互联的能源互联网正在绘就"映入眼帘。对浙电人来说,这既是承诺,也是誓言,更是蓝图!

当迈入"亿千瓦俱乐部"之后,当一个省的用电负荷水平已超过德国、法国之后,如何继续保障供电系统安全有序运转,做好经济社会发展和百姓安居乐业的坚强后盾,如何不断开拓创新,探索新领域、研究新技术、攻克新难题、取得新突破?

  作为浙江省能源领域的核心企业,国网浙江电力始终以习近平新时代中国特色社会主义思想为指导,围绕"四个革命、一个合作"能源安全新战略,始终不渝践行习近平总书记对浙江电力"宁肯电等发展,不要发展等电"的重要嘱托,聚焦保障电力供应和服务"双碳"目标,抓牢建设新型电力系统省级示范区加快电网转型、适应电力市场化改革加快公司转型"两条主线",坚持走在前、作示范,打造具有中国特色国际领先的能源互联网企业的示范窗口,为浙江高质量发展建设共同富裕示范区作出积极贡献。

4 数说浙江电力十年*

滔滔东海浪，滚滚钱江潮。

新千年第一缕曙光照耀之地的浙江，是习近平新时代中国特色社会主义思想重要萌发地。总书记在浙江工作期间，曾亲赴电力公司调研，提出"宁肯电等发展，不要发展等电"的要求。

这是对浙江电力工作者最大的鼓舞和激励，为浙江电力事业发展提供了根本遵循、注入了强大动力。

心怀感恩，奋勇争先。十多年来，牢记总书记嘱托，在省委省政府和国家电网公司的坚强领导下，国网浙江电力以大国重器的责任担当，深入践行人民电业为人民的宗旨，秉持绿色、低碳理念，一以贯之谋发展，全心全意助共富，为美好生活充电，为美丽中国赋能。

党的十八大以来，国网浙江电力深入贯彻新发展理念，构建电网发展新格局，创新推动电网发展，以数字化赋能电网发展效能提升，以优质服务助力经济社会高质量发展。十年蝶变，更加清洁、更加经济、更加可靠的用电，让浙江人的美丽生活更加幸福、可感。

---

* 本文为融媒体中心张正华发布于"浙电e家"，发布时间为2022-09-20，略作改动。

一、发展成就篇

今天,我们通过一组数据来感受过去十年浙江电力发展的巨大成就。

过去10年,浙江35千伏及以上输电线路长度从6.0万千米,增长至8.2万千米,增长36.7%。迢迢银线,让澎湃电能跨越山海,深入千万百姓家。

过去10年，省内发电机组装机容量从6 170万千瓦，增长至10 857万千瓦，突破1亿千瓦大关，增长超过76%，这是浙江电力安全供给信心的最大来源。

一、发展成就篇

过去10年,省内光伏并网装机容量从2.21万千瓦,增长至1 842万千瓦,增长83 248%。新能源的爆发式增长,让浙江能源更清洁,浙江的天更蓝、山更青、水更绿。

过去10年，省内机组发电量从2 846亿千瓦时，增长至4 227亿千瓦时，增长48.5%，支持了经济社会对能源电力的需求，起到了压舱石、稳军心的作用。

一、发展成就篇

过去10年,浙江全社会最高用电负荷从5 472万千瓦,增长至10 022万千瓦,一举迈入亿级千瓦电网时代,增长83.2%。这既显示了浙江人能用电、有电用,也对电力可靠供给提出更大考验。

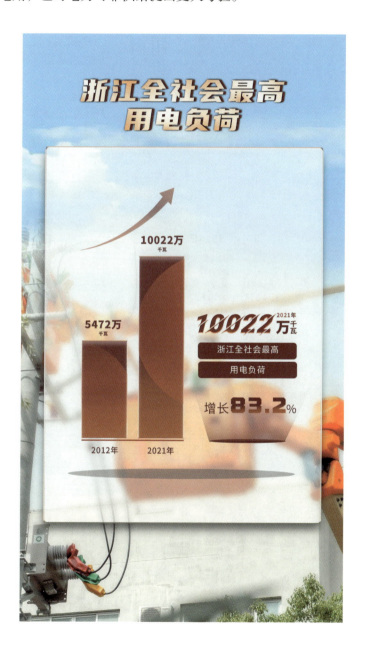

过去10年,浙江全社会用电量从3 210亿千瓦时,增长至5 514亿千瓦时,增长71.8%。用电量是经济社会发展的重要指标,有力证明了浙江经济一如既往稳、好、活。

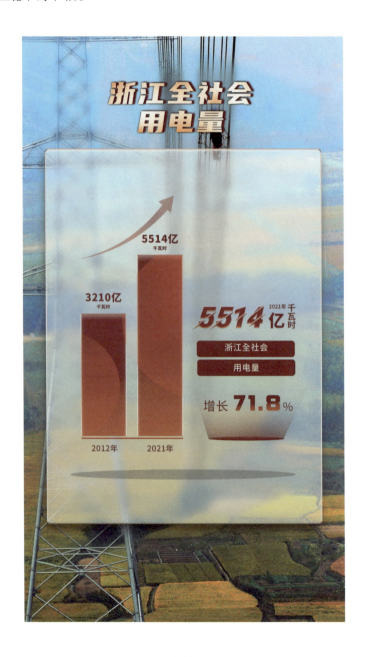

一、发展成就篇

过去10年,浙江城乡居民用电量从392亿千瓦时,增长至741亿千瓦时,增长88.6%。老乡富不富,数据最顶用。从缺电、不敢用电,到如今人均用电量1 133千瓦时,浙江人生活变好更加可感。

过去10年，电动汽车逐渐进入寻常百姓家，浙江省电动汽车年充电量从1.11亿千瓦时增长至14.19亿千瓦时。更加绿色清洁的出行方式，为现代生活注入了新风尚、新气息。

过去10年,浙江能源电力事业所取得的伟大成就并不止于此。

10年里,浙江电网固定资产投资3 585亿元,比上一个10年增长120%。实现特高压零的突破,建成"两交两直"特高压骨干网架,变电、换流容量达到3 400万千瓦。

10年里,浙江内外互济,最大外来电达到3 570万千瓦,年受电量1 800亿千瓦时,支撑了经济发展对电力的需求……

凡是过往,皆为序章。回望过去,记忆丰满。放眼未来,14亿中国人正朝着第二个百年奋斗目标砥砺前行,6 540万浙江人奔走在共同富裕的康庄大道上。在这场伟大的征程中,浙江电力人将笃行不怠、奋勇争先、勇挑重担,让温暖与光明成为人民幸福生活的底色。

数说十年,不负青山绿水,浙电勇立潮头

2012至2022年,行进在中华民族伟大复兴的历史征程上,中国人民书写下极不寻常、极不平凡的时代篇章。十年来,以习近平同志为核心的党中央团结带领全国各族人民,采取一系列战略性举措,推进一系列变革性实践,实现一系列突破性进展,取得一系列标志性成果。

一项项重点工程、一件件国之重器、一次次创新突破……新时代的伟大变革中,国网浙江省电力有限公司深入贯彻新发展理念,构建起浙江电网发展新格局,以数字化赋能电网发展效能提升,以优质服务助力经济社会高质量发展。

一、选题策划:非凡十年,交出浙电答卷

十年来,习近平总书记始终心系浙江发展,对浙江工作作出了一系列重要指示批示,并对电力系统提出了"宁肯电等发展,不要发展等电"的要求。这为浙江电力事业发展提供了根本遵循、注入了强大动力,鼓舞和激励着浙江电力工作者。

十年里,国网浙江电力敢为人先,打造多元融合高弹性电网,并以高弹

性电网建设为载体，构建省级新型电力系统示范区。十年里，国网浙江电力勇挑重担，赋能"产业兴、百姓富、生态美"的乡村能源体系，服务共同富裕示范区建设。十年里，国网浙江电力从供应和需求两端出发，强调"能源转型需两头发力"，不断升级技术、创新模式，持续提高能源生产效率与利用效率。十年里，国网浙江电力用实际行动践行新发展理念，始终牢记总书记"绿水青山就是金山银山"的殷切叮嘱，多措并举推进绿色低碳变革，助力碳达峰、碳中和目标实现。

以"非凡十年"系列回顾为契机，《数说浙江电力十年》以直观可感的方式展现了十年来国网浙江电力作为"大国重器"的责任与担当，始终践行人民电业为人民的央企宗旨，秉持绿色、低碳理念，一以贯之谋发展，全心全意助共富，为美好生活充电，为美丽中国赋能！

二、内容安排：起承转合，扣响时代篇章

2021年6月10日，中共中央、国务院发文支持浙江高质量发展、建设共同富裕示范区。本文紧扣时代主题，选取了极具客观性、代表性、说服力的数据变化，以十年为基础，以当下为契机，以未来为展望，生动呈现之江大地能源电力发生的日新月异变化，为读者展开一幅幅国网浙江电力有力支撑浙江省共同富裕示范区建设的美好画卷。

十年间，从浙江省输电线路长度增加36.7%、省内机组发电量增长48.5%，到全社会最高用电负荷增长83.2%，一举迈入亿级千瓦电网时代，这不仅显示了浙江人能用电、有电用，更展现出国网浙江电力在十年不懈努力下，直面电力可靠供给的更大考验，满足不断增长的用电需求，起到了压舱石、稳军心的作用。

十年间，浙江的用电"盘子"因为有了特高压送入的外来电变得更大、更牢固。以特高压为骨干、以500千伏为支撑、各级电网协调、城乡供电可靠的坚强电网，扭转了长期制约浙江经济发展的电力紧张局面，支撑了浙江经济社会全面快速发展。

十年间，浙江省内光伏并网装机容量增长83 248%、电动汽车年充电量增加1 178%，浙江省用电更加清洁、经济、可靠。新能源的发展，让浙江的天更蓝、山更青、水更绿。

一张张跨越山海的澎湃电网、一条条翻山越岭的迢迢银线、一组组直观可感的数据对比,生动又鲜活地展现出国网浙江电力为"打造弹性电网,提升调节能力,服务八八战略"而不懈努力的非凡十年。

以当下为契机,国网浙江电力正完整、准确、全面贯彻新发展理念,积极服务和融入新发展格局,推动构建清洁低碳、安全高效的能源体系。以未来为展望,国网浙江电力在打造高弹性电网的基础之上,将以数字互联促进能源互联,提升对海量分散资源的可观、可测、可控、可用水平,最大可能提升系统调节能力,推动多种能源资源最优配置、全社会综合能效最大化。"凡为过往,皆为序章。"在下个"非凡十年"里,国网浙江电力将笃行不怠、奋勇争先、勇挑重担,让温暖与光明成为人民幸福生活的底色。

三、呈现形式:直观可感,可视数据说话

本文以国网浙江电力十年来能源电力事业所取得的伟大成就为基础,结合发展热点,从"坚强、智能且有弹性的电网"和"更加清洁低碳、安全高效的能源电力服务"两方面展开。通过对输电线路长度的增长、省内发电机组装机容量及发电量的跃升、省内光伏并网装机容量及省内电动汽车年充电量的爆发式增长、浙江全社会最高用电负荷的突破、浙江全社会用电量的攀升、浙江城乡居民用电量的翻倍增长等等极具代表性的数据进行全方位盘点与对比,以可视化的数据全面展现国网浙江电力新时代的非凡成就。

此外,本文还综合了多模态的表现形式,数据可视化的画面感和视觉感较强;充分发挥了图像的优势,在有故事感的图像上展现数据;突破了传统数据图表的制作手法,灵活运用多种符号要素,形成多元协同效果,让数据说话;激活了用户的多维感知体验。

本文一经推出,就在"浙电e家"微信公众号上达成了10万+的阅读量,人们对国网浙江电力"安全可靠、清洁低碳、经济高效"的认知更加明晰,公司品牌价值进一步提升。但需要指出的是,传播面与转载量稍显不足。一方面,除了国网浙江电力自身的官号矩阵外,更要在"内容+艺术+技术"融合传播理念指导下,做到根据多元化的传播渠道创新内容形式;另一方面,可以在本文基础上采取微视频、动图等表达方式,动静相兼,相信国网浙江电力的"非凡十年"将更具表现力与穿透力。

5 | 哪一束光照亮了你的2021？*

当2021年的日历只剩最后两页
在过去的363个日日夜夜
我们相伴走过四季　我们共同渡过难关　我们一起创造成绩
是哪一束光照亮了你的2021？

---

* 本文为嘉兴·桐乡公司赵芳芳、王海燕、朱霁丹发布于"浙电e家"，发布时间为2021-12-29，略作改动。

一、发展成就篇

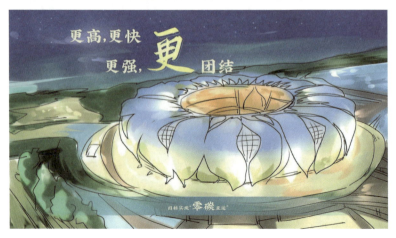

一、发展成就篇

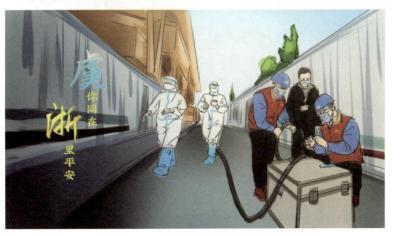

是光吗？
是光！
这束光是每一个全力以赴的你
也是每一个坚定守护的他（她）
"浙"世界那么多人，多幸运我还有你们
2022我们一起向光而行！

恢宏立意，记录佳绩，巧思点亮年度之光

2021是意义非凡的一年，"两个一百年"奋斗目标历史交汇，"十四五"良好开局，共同富裕示范区花落之江大地，新型电力系统示范区建设在浙江开启。一年以来，国网浙江电力大局站位、实干担当，认真贯彻落实省委、省政府决策部署，电力保供、能耗双控、防汛防台、助力"双碳"行动、业务改革……作为年度总结，这篇融媒体作品站在2021年的终点，以手绘的形式记录了国网浙江电力在各方面为全省经济社会发展作出的重要贡献。

一、十幅主图，十件大事，交出2021的满意答卷

艰难方显勇毅，磨砺始得玉成。全篇围绕发展中心，与国家、浙江省的大政方针同频共振，用十幅主图回顾了国网浙江电力从年头到年尾经历的十件具有里程碑意义的事件，真实地描绘了在党的百年奋斗历程和伟大建党精神的光辉指引下，浙江电力于大战大考中创造的不平凡的业绩，彰显出了"大国重器"的责任与担当。作品立意深刻高远、格局恢宏壮阔，提升国家电网的企业形象，在社会上产生了良好反响，传递了正能量。

《无论你来自何方，来到"浙"儿就是家》——年关伊始，不少人选择留在工作城市过年。国网浙江电力坚定践行"人民电业为人民"宗旨，在全国推出第一份《浙江省在"这"电力指数报告》，通过电力大数据，观察居

民生活和工商业生产经营变化，反映公众春节期间留在浙江过年的情况，为政府出台惠民关爱举措提供决策参考。一句"无论你来自何方，来到'浙'儿就是家"，生动地道出浙江海纳百川的开放精神。华灯初上，电网为家家户户送去家的温暖，也更好服务218.2万户新增留浙居民。

《共同富裕路上一个也不能掉队》——浙江积极推进城乡用电同质化均等化，全省城市供电可靠率达99.9857%，农村电网供电可靠率达99.958%，明显高于全国平均水平，有效支撑城乡均衡发展。保留到小数点后四位的精确数据，不但带来了强烈的视觉冲击，令人过目难忘，而且为实现乡村振兴和共同富裕提振了信心，激发了热情。

《百年征程，百年荣光》——中国共产党百年华诞，百年征程波澜壮阔，百年初心历久弥坚。国网浙江电力立足的浙江是中国革命红船起航地，深化"红船精神、电力传承"特色实践，自2007年授旗成立全国首支电力"红船服务队"，如今已组建300余支共产党员服务队，共同见证百年流光。

《你的清凉，我来守护》——2021年夏，浙江全省范围内持续高温，叠加疫情防控形势好转后经济迅速恢复，浙江用电负荷大幅冲高。7月13日，浙江全省最高用电负荷首破1亿千瓦，成为继广东、江苏后的国内第三个最高负荷过亿的省级电网。面对用电新形势，浙江公司按照"民生优先、有保有压"的原则，确保电力供需总体平衡、电网运行安全稳定、居民企业生产生活可靠供电，守护浙江人的清凉。

《"浙"里有爱，"豫"见光明》——国网浙江电力积极响应国家电网公司党组部署，组织307人专家队伍，千里驰援洪水灾害中的河南，快速恢复当地3万多户用户供电。"'浙'里有爱，'豫'见光明"，两省跨越千山万水的情谊将"一方有难，八方支援"精神展现得淋漓尽致。

《从被需要的那刻起，他们都化作了"光"》——你相信光吗？我信！因为我看见，从被需要的那刻起，他们都化作了——光！2021年台风"烟花"在浙江两次登陆，318万户用电受到影响。得益于奋战一线的浙电人以最快速度加紧抢修，以及配网智慧自愈能力的增强，在台风过境后24小时内，99%受影响用户恢复送电，刷新了电网和用户同步复电的速度。

《更高，更快，更强，更团结》——杭州亚运会在"零碳办赛"的使命下，尤为注重使用安全环保的绿色电力。国家电网作为杭州亚运会清洁用电的最强后盾,积极探索绿色电力赋能杭州亚运会碳中和机制,把绿色和可持续发展理念,贯穿到亚运会筹备、举办和赛后利用的全过程、各领域、各环节,助力亚运交出一份"零碳办赛"的圆满答卷。

《生活更方便了,联系更紧密了,经营更顺畅了》——随着《长三角一体化发展示范区电力行动白皮书(2020年)》正式发布,沪苏浙三地电力企业明确将共同打造共商、共建、共管、共享、共赢的能源生态,实现电力服务一体化发展。国网浙江电力积极开通长三角一体化办电专窗,实现长三角区域内电力服务"一窗通办",业务异地办理机制实现示范区283万居民全覆盖,持续厚植浙江"最多跑一次"改革的金字招牌。

《今天,你"低碳"了吗》——国网浙江电力以新型电力系统省级示范区建设为契机,推进完善低碳循环导向的体制机制,促进全社会能源共用、清洁共享、生态共建、责任共担。2021年1—11月,全省新能源发电量达319亿千瓦时,同比增长24%,能源电力更加绿色低碳。

《"虞"你同在,"浙"里平安》——面对来势汹汹的上虞疫情,国网浙江电力积极响应全省动员,组织相关单位履行民生保障职责,参与疫情防控工作,构筑起上虞市疫情防控的坚固防线。

二、创意主导,受众参与,提升融媒的宣传效果

标题设计方面,作为融媒体报道,这篇作品从标题设计到整体构思都颇具创意。以"哪一束光照亮了你的2021?"为题,新颖而不失简洁,将"光"作为切入口,不仅符合国网浙江电力的定位,更象征了光明和美好,能够引起读者好奇。

阅读体验方面,移动终端的阅读体验使翻转观看成为可能,更适合展示内容丰富的群像。在提示用户旋转手机之后,这一报道就成为了整套的长卷,以图片形式在短时间内吸引读者的注意力。其中每幅都以一句"点击点亮图片"契合主题,用户点击原本的线稿,经过上色的最终成稿就会缓缓浮现,寓意着"开灯"使世界变得五彩斑斓。如此巧思,仅凭一项简单技术就极大地提升了作品的交互性,让受众在阅读的过程中油然而生一种参与感,令作品更生动可读,整个阅读体验变得妙趣横生,实现了更好地为主题服务。

图片绘制方面，每一幅图片的绘制也相当用心，无论是画风、构图还是配色，乃至图片加上的标语和文字都有值得品鉴的地方。形式简单、图片有趣，这与互联网用户的碎片化阅读习惯相契合。整篇报道文案字数不多，但有态度、有温度。"这束光是每一个全力以赴的你，也是每一个坚定守护的他（她）""向光而行"，寥寥几十个字，却饱含着一股感人的力量，正如习近平总书记曾说过的那句"平凡铸就伟大，英雄来自人民"，自然能够引发受众的广泛共鸣。

互动参与方面，如今，互联网用户的阅读习惯早已向读图转移，这一手绘漫画式的年度总结提供了更轻、更快的阅读体验，细腻唯美的画风宛如一条治愈短片，在用户点击"点亮"图片的操作中，一年间的回忆也缓缓浮现至眼前。这样的推文已不再只是单向的内容输出，而更多地达成了与读者之间的交流互动，同时读者的反馈和参与过程也成了文章内容的一部分，潜移默化地传递和输出了价值观，并给人耳目一新的感觉。

国网浙江电力坚持"走在前、作示范，打造示范窗口"，以特别的担当作出特别的贡献，满足人民美好生活需要，交出了一份来之不易、令人鼓舞的优异答卷。在2021年的尾声，这篇报道将这份答卷形象化地呈现给了大家，提振了新闻的传播能级，有思想、有温度、有质量，堪称融媒体创意策划中的精品之作。憧憬未来，我们一起向光而行！

6 | 山海与共　不问西东*

白鹤滩水电站，是实施"西电东送"的国家重大工程。它将人们对长江的千古遐想化作推动发展的绿色动能，借由一条长达2 080公里的"电力高速公路"，跨越山海，一路向东。

7月1日，白鹤滩—江苏±800千伏特高压直流输电工程竣工投产，每年可输送清洁电能超300亿千瓦时。

白鹤滩—江苏工程横跨四川、重庆、湖北、安徽、江苏5个省市，是服务稳增长的重大保供工程、服务"双碳"目标的重大绿色工程、服务科技自立自强的重大创新工程。

山海与共，不问西东。一条条银线将山海相连，唱响了一首新时代绿色发展的"长江之歌"。

以下为短视频中的部分截图。

---

* 本文为李堃、许阳青发布于"苏电牛思"，发布时间为2022-07-01。

一、发展成就篇

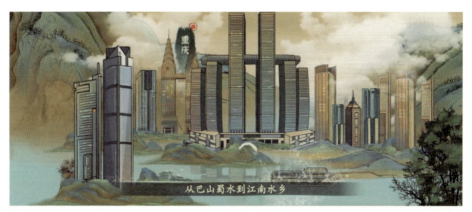

一、发展成就篇

（原视频请扫描二维码观看）

作品点评

在国风艺术中展现国网壮美画卷

2022年7月1日，白鹤滩—江苏±800千伏特高压直流输电工程竣工投产。在这个特别的日子，国网江苏省电力有限公司微信公众号"苏电牛思"推出了题为《山海与共　不问西东》的短视频。该视频基于国风动态漫画制作，艺术气息浓郁，唯美画面结合真人出镜，将国家电网公司以及中国电力事业的发展与成就展现为一幅壮美的画卷。

一、唯美国风，描绘壮美画卷

习近平在党的二十大报告中指出，提炼展示中华文明的精神标识和文化精髓是增强中华文明传播力影响力的重要方面。《山海与共　不问西东》短视频的动态漫画正是采用了能够展示中华文明的精神标识和文化精髓的艺术风格,将我国的水墨画、工笔画与水彩画结合,在动态影像中充分运用国风艺术呈现中国壮阔江河、磅礴水坝、秀美山峦、巍巍高塔、繁华城市、现代工厂,以及不畏艰辛的建设者等形象和风貌。该视频画面精致,艺术感极强,画面上的景观和人物如真似幻、惟妙惟肖,每一帧画面都如一幅艺术画卷徐徐展开,充分体现出创作者对创作主旨的深刻领会及艺术创作的高超技艺。

高水平的唯美国风动态漫画创作,很容易让公众在观看视频的过程中拥有较好的观看体验。如此一来,宣传的话语便不再是生硬的灌输与陈述,而是在赏心悦目的艺术作品中自然而然地流露出来。写意的创作可以将现实景观和人物进行艺术加工,也可以根据作品需要增加超现实主义元素,从而将作品的隐喻意义展现到极致。因此,虽然视频仅有3分41秒,但是其中蕴藏的文化艺术内涵却如主题所示的浩如山海,国网的发展与成就在这种艺术呈现中被表现得淋漓尽致。

二、深耕细节,打造多元叙事

该视频创作的突出特征是在有限的3分41秒内深耕细节,融合了众多元素,并嵌入真人出镜讲述。视频的叙事节奏根据情节时而明快、时而舒缓,各种元素有机结合,多种形象栩栩如生,在恰到好处的叙事节奏中,整个视频宛如配合默契的交响乐团,画面、音乐、陈述相得益彰、引人入胜,观众获得良好的观看体验。

整个视频可以分为五个小部分。第一部分视频从初始便展开壮美的山川河流,纵览长江流域风貌,引出白鹤滩水电站,提出跨越2 080公里的"电力高速公路",在充满厚重与磁性的画外音解说中展开巨幅画卷,以艺术字体展现视频主题"山海与共 不问西东";第二部分视频通过地图展示"电力高速公路"的路径,途经数千公里,连接西部四川与东部苏州,画外音变得清朗,在白鹤滩水电站前,真人第一次出镜,通俗易懂地简要介绍直流输电工程及特高压输电的优越性;第三部分中,厚重、磁性的画外音回归,特高压输电塔和建设者形象呈现,背景包括层峦山脉、江南水乡、风雪酷寒,特高压电线上的人影与第一视角的双手,细节唯美而震撼,人物形象皆为背影或侧身,凸显形象的伟岸与坚毅;第四部分中,真人再次出镜,嵌入动漫画面的背景中，从更加专业的角度讲解直流输电，用三个"世界首次"体现出中国电力技术的先进性；第五部分中，唯美的江南城市、山川、铁塔、建设者与电网沿线城市的标志性建筑或景观循序展示在视频中，呈现出江山如此多娇，并呼应视频开头的"长江之歌"。

三、诗化语言，写意国网故事

该视频的高水平文案也是取得良好传播效果的重要基础。大量优美、诗化的语言让国网电力工程和建设者的故事娓娓动听，在与国风动态漫画的完美契合中，为公众打造了诗情画意的视听体验。

主题词"山海与共　不问西东"背后承载着中国诗学文化的丰富内涵。"山海"一词既有山川大海的现实指涉，也有高深、厚重的隐喻意义，如唐朝诗人宋之问的《桂州三月三日》诗中有言："越中山海高且深，兴来无处不登临。"在视频中，"山海"既是白鹤滩水电站"西电东送"的"电力高速公路"跨越的现实屏障，也喻指大国重器的高超技艺、重要价值和意义。"与共"常见于中国古代抒情诗词中，如宋代诗人白玉蟾的《江子有怀二首》诗中有言："一夜月许明，千里思与共。"该词意指无论发生什么都要在一起，而"山海与共"的词语组合，既可以表达跨越数千公里将中国的东西部联结在一起，永不分开的技术现实，也表达了全中国共同发展，共同实现中华民族伟大复兴的厚重意义。"不问西东"初见于1923年，时任清华大学教员的汪鸾翔先生为清华创作校歌，其中有"立德立言，无问西东"一句。"无问西东"意指突破传统的东学、西学界限，兼收并蓄，锐意进取，开拓创新，体现出一种敢为人先、舍我其谁的豪情壮志。

在主题词的提纲挈领之下，视频中的许多描述都围绕相关意涵采用了诗化的语言，如呼应主题的"跨越山海，一路向东""所爱皆山海，山海皆可平"，描写电力建设者的"在长江高空走线、在'天空之境'验收、在烟雨江南'刺绣'"，描绘江南的"流光溢彩""强富美高"等。在国风动态漫画的背景中，这些诗化的描述与对电力工程技术的专业性介绍语言相互穿插，毫无违和感，共同讲述了国网发展的生动故事。

7 | 用电增长强劲　经济活力增强[*]

2021年7月13日，在经济快速发展、持续高温天气等因素影响下，浙江全社会用电负荷快速攀升并最终定格在1.002 2亿千瓦，浙江电网成为全国第三个负荷破亿的省级电网。

相对负荷快速攀升时的"又欢喜又紧张"，用电量快速增长就非常振奋人心了。

2021年上半年，浙江全社会用电量2 533.31亿千瓦时，同比增长22.87%，两年平均增长8.4%。

---

[*] 本文为融媒体中心张正华、陈丽莎，浙江电量分析实验室沈杰，营销服务中心杨世旺、蔡立栋发布于"浙电e家"，发布时间为2021-07-20，略作改动。

从月度全社会用电量来看，6月份浙江全社会用电量同比增长9.85%，连续14个月同比正增长。2021年上半年浙江全社会用电量增速整体呈现出"同比增速逐月下降，两年平均增速逐月上升"的趋势，并在6月份首次实现两年平均增速高于同比增速，反映出用电增长强劲，经济活力增强。

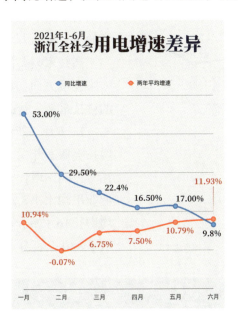

简而言之，2021年上半年浙江经济运行保持较快增长、稳中向好态势，随着全球经济正在由局部性复苏走向整体性复苏，下半年，浙江省用电量还将继续保持高速增长趋势。

工业用电快速增长　制造业表现抢眼

全省用电量实现快速增长，工业是主要动力。

2021年上半年，浙江全省工业用电量1 764亿千瓦时，增速达到26.29%，占全社会用电量的69.64%。

工业中，制造业表现抢眼。2021年1—6月，浙江全社会用电量同期累计增长471.6亿千瓦时，其中，制造业电量增量占全社会增量的66.52%。

制造业一直是推动浙江全社会用电增长的主要动力，但在2020年，受

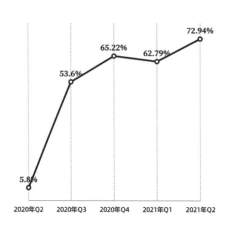

浙江制造业对全社会用电量增长拉动率

疫情影响，部分行业停工停产使得对全社会用电量增长贡献度一度低至5.8%。一年后，浙江二季度制造业对全社会用电量增长贡献度突破70%，达到72.94%，重新成为全社会电量增长的主要推动力。

高技术装备制造业是浙江制造业未来发展方向，集中反映了一个地区的科技水平、制造能力和综合实力。

1—6月，浙江高技术装备制造业增长亮眼，相关行业用电220.51亿千瓦时，同比增长34.87%，高于全省制造业平均水平8.24个百分点；两年平均增长16.37%，高于全省制造业平均水平8.01个百分点。

从地区分布来看，高端制造业主要集中在宁波、嘉兴等沿海地区，其中宁波高技术装备制造业用电量占全省26.5%，是全省高技术装备制造业的领

头羊和桥头堡。

与此同时，高技术装备制造业用电量占全省工业用电量比重也在逐年提升。2019年占比11.08%，2020年占比11.96%，2021年1—6月，电量占比进一步提升至12.50%。《浙江省高端装备制造业"十四五"发展规划》提出，未来五年浙江制造业将聚焦聚力高端装备制造业，为制造强省建设提供坚实支撑。

另外，出口是拉动经济发展的"三驾马车"之一。

从用电量来看，2021年上半年，浙江主要外贸型制造行业用电均实现大幅增长，其中汽车制造业同比增长46.7%，家居制造业增长39.27%，制鞋、纺织服装等传统出口行业用电量也实现快速增长，显示浙江贸易出口已克服国外疫情和中美贸易战的不利影响，实现平稳快速发展。

数字产业两端协同发展　助力打造"数字浙江"

近年来，浙江持续深化"最多跑一次"改革，大力推动政府数字化转型，并撬动经济社会全方位数字化转型，实现省域治理体系和治理能力现代化，以数字赋能产业发展全面变革，为实现共同富裕和高水平现代化提供强大支撑。

在全省建设"数字浙江"的浪潮下，浙江数字信息产业用电量已连续16个月保持两位数增速。

从月度电量增速来看，浙江数字信息产业增长远高于全社会用电及工业用电增长水平。1—6月，数字信息产业累计用电量95.74亿千瓦时，两年平均增长18.05%，高于全省工业水平8.58个百分点。在产业协同发展方面，数字信息产业明显表现出制造端与服务端协同发展的趋势，行业增长进入相互促进的良性循环。

在制造端，"计算机、通信和其他电子设备制造业"在2020年用电量为109亿千瓦时，替代造纸业成为浙江第九个百亿用电行业。2021年1—6月行业累计用电59.48亿千瓦时，同比增长29.73%，两年平均增长18.84%，高于全省制造业两年平均水平10.48个百分点。该行业集中了整个信息技术中的各类中高端行业，如集成电路设计与制造，物与物智能互联的物联网制造，等等。

在服务端，1—6月，"信息传输、软件和信息技术服务业"累计用电36.26亿千瓦时，同比增长20.41%，两年平均增长16.79%，为第三产业中两年平均增长最快行业。该行业与生活新业态密切相关，如在疫情期间包含远程办公、在线娱乐、全员健康数据采集等功能的软件开发、信息系统集成、数字内容服务等。

城乡差距进一步缩小　乡村振兴成效显现

2021年6月，中共中央、国务院发文，支持浙江高质量发展、建设共

（来源：曹琼蕾摄影）

同富裕示范区，要求满足人民日益增长的美好生活需要，着力解决地区差距、城乡差距，注重向农村倾斜，实现乡村振兴。

从电力大数据看，浙江共同富裕的基础已越来越扎实。

1—6月全省居民用电326.08亿千瓦时，同比增长4.43%。从非城镇居民与城镇居民用电比值来看，非城镇居民用电与城镇居民户均用电比值从2019年的0.7585∶1提升至2021年上半年的0.8070∶1，这也体现了浙江在乡村振兴、共同富裕上不断前行的印记。

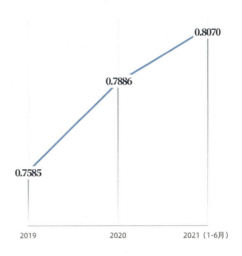

社会消费需求旺盛　住宿餐饮业增幅领跑

国网浙江电力发布的上半年电力消费指数（以下简称"EPI指数"）显示，2021年上半年，浙江省全行业EPI指数为124.38，与2020年上半年相比，指数水平上升29.79，总体保持高位，上扬势头强劲。

各行业运行稳中有升。其中，住宿和餐饮业增幅领跑全行业，由2020年上半年的82.51上升至2021年上半年的128.87，增幅高达56.19%。

相对应的，第三产业指数增幅最高。2021年上半年，全省三大产业指数相较于2020年同期，分别提升了22.87、29.79、30.04，同时指数水平也高于2019年同期。随着疫情影响的逐步减弱，人们外出吃喝游玩住的兴致节节攀升。

据浙江省文化和旅游统计中心测算，2021年"五一"假期全省共接待游客2 456.6万人次，日均同比增长62.5%，比2019年同期增长18.1%。从游客人均花费构成看，餐饮比重最大，占23.5%。5月1日至5月5日，浙江住宿接待过夜游客729.03万人次，同比增长165.15%，比2019年同期日均

（来源：阿通木摄影）

增长26.0%。

值得一提的是，指数分析中代表未来用电趋势的电力运行容量增幅也较大，下半年经济发展的良好形势值得期待。2021年1—6月，全省电力运行容量13.24亿千伏安，同比增长1.41亿千伏安，增长幅度为11.9%，容量的增长表明市场总体信心高昂。

新旧动能持续转化　绿色低碳发展成新风尚

随着国家碳达峰、碳中和目标的提出，绿色低碳发展已然成为新风尚，比如大家对电动汽车出行的热衷。体现在用电量上，1—6月，全省充换电服务业累计用电4.2亿千瓦时，同比增长156.6%，两年平均增长89.66%。今年前四个月全省充换电量已经超过2019年全年充电量，预计7月底超过2020年全年用电量。

一、发展成就篇

从各地区充换电服务业增速来看，上半年，舟山地区该行业用电量增长了5.6倍，为全省最高，其次为金华地区，增长了2.4倍，最低为衢州地区，但依然增长了78.9%。

此外，浙江也在不断加快新旧动能转化，通过产业结构优化升级，推动经济社会绿色低碳发展。

2021年1—6月，省内汽车制造、电器机械和器材制造、计算机通信和其他电力设备制造业的两年平均用电量占比分别提升0.78%、0.67%和0.51%，与之对比，传统的纺织、造纸等产业用电量占比进一步萎缩，其中纺织业、金属制品业、造纸业两年平均用电量占比分别下降1.92%、1.01%、0.67%，表明浙江产业结构逐渐由低附加值、高能耗、高污染向高精尖技术、高附加值的产业转型。

节能降耗成为主旋律。2021上半年，全省高耗能行业的电力消费指数为120.89，低于全省全行业水平，由此也可窥见碳达峰、碳中和行动的有效推进。

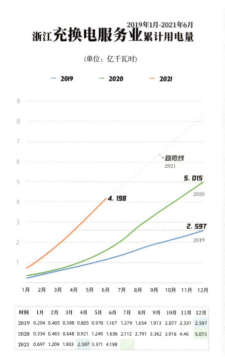

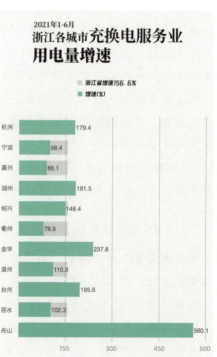

作品点评

电力"数"读经济,描绘生机勃发新画卷

当前,大数据已经越来越深入我们的生产和生活,甚至成为了一种日常。海量的大数据,恰恰为新闻创作提供了新线索、新素材和新思路,在一定程度上重构了新闻的形态,甚至在新闻教育领域,诞生了一种新的专业方向,即数据新闻,强调对数据的抓取、挖掘、统计、分析和可视化,从而出现有别于传统新闻报道的新型新闻报道方式。国网浙江电力融媒体中心充分发挥自身熟悉电力行业、精通数据解读、擅长视觉呈现的优势,以电力数据解读地方经济发展,打造出融媒体报道的优秀案例。

一、以数据着眼经济,凸显时代性与新闻价值

电力,是经济的"晴雨表",电力大数据,则是地方经济发展的显性表达。浙江是习近平新时代中国特色社会主义思想的重要萌发地,国网浙江电力始终不渝践行习近平总书记对浙江电力"宁肯电等发展,不要发展等电"的重要嘱托,打造具有中国特色国际领先的能源互联网企业的示范窗口,为浙江高质量发展、建设共同富裕示范区作出积极贡献。每天源源不断产生的电力大数据,正是国网浙江电力高质量跨越式发展的实证。融媒体中心深刻认识且高度重视数据的价值,精心策划了"电力数据看经济"网络话题,从"电力大数据"的视角发布多篇报道,直观、精准呈现出之江大地的经济发展新景象,其选题立意具有较强的时代性与较高的新闻价值。

二、以解读明晰发展,有力提振信心凝聚力量

数据本身是无法言说的,必须依靠合理的分析和相互的对比,洞察海量数据中的关联,并以此解读出数据背后的深刻含义,从而使大数据超越单纯的"数据统计",蜕变成为真正的"数据新闻"。本篇报道最大化地利用已有的电力大数据信息,做到了深度挖掘、深层思考、深入分析、深刻解读。

文章开篇,即以"2021年1—6月浙江全社会用电情况"示意图,点明

了浙江上半年全社会用电量增速整体呈现出"同比增速逐月下降，两年平均增速逐月上升"的大趋势，呈现出浙江"用电增长强劲，经济活力增强，运行保持较快增长、稳中向好态势"的总基调。

在分析对比方面，文中从行业对比到产业对比，再从城乡对比到新旧动能对比，用一组组数据勾连起国家现代化建设过程中的大政方针，援引《浙江省高端装备制造业"十四五"发展规划》，强调"最多跑一次"改革，提及中共中央、国务院对浙江高质量发展建设共同富裕示范区的发文支持，回顾国家碳达峰、碳中和目标的提出……见微知著、睹始知终，通过全面理解与深入剖析电力数据，向读者传递出宏观数据与经济运行之间的逻辑关系，以及其对每个人产生的深远影响，有力提振了人民对于发展的信心，鼓舞士气，凝聚向心力。

三、以视觉点睛报道，于细微处见真章现精彩

传统的新闻写作往往重在通过文字叙述来讲故事，然而对于数据新闻而言，如果将内容主题定义为"内核"，那么视觉设计无疑是其"外衣"，在融媒体时代，如何设计好这件"外衣"，重要性更加显著。本篇报道采用大量的数据可视化形式，大大提升了新闻的可读性，能够适应和满足快节奏的阅读需求，并在读者脑海中留下深刻的印象，有效扩大传播效果。

在视觉化方面，这篇报道以图表为主，共十三张（本文节选十张）配图，其中含三张动静结合的摄影作品，把模糊、抽象、繁杂的新闻数据转变得生动、直接、具体，形象化地降低了受众的理解难度，有助于高效地传达信息。图表涉及环状图、折线图、柱状图等等，形式丰富多样，标题、图注和单位的使用都较为规范。同时整体风格、字体、字号、配色等元素又达成了大气与精致的统一，既形成了不同的可视化效果，也满足了读者对于稳定视觉体验的需求。

值得一提的是，数据新闻的可视化并非简单地理解为各种信息图表的罗列乃至堆砌，而是要加深信息与信息之间的密切联系，使得观者一眼就能发现某种关系或趋势。本篇数据新闻在这方面具有出色表现，以"2021年1—6月浙江全社会用电增速差异"一图为例，制图者将同比增速与两年平均增速用折线的形式同时置于一个坐标系统中，可以明显看到在五六月之间两根

折线发生了交叉，两年平均增速实现了对同比增速的反超。

又如"2019 1月—2021年6月浙江充换电服务业累计用电量"一图，尽管截至报道时2021年只有六个月的全省充换电量数据，但图中用同色虚线示意了对2021全年的充换电量趋势的预测，同时以2019年的全年总量数据2.597亿度为轴横向作了一根黑色虚线，与2021年的累计线相交于4月，让人能直观感受到"2021年前四个月全省充换电累计用电量已经超过2019年全年充换电累计用电量"的结论。这些看似细微的处理实际上却蕴含着丰富的信息，为观者提供更多清晰、准确和有价值的内容。

二、创新解读篇

创新就是生产力。电网企业始终把创新摆在突出位置、作为第一动力，不断提升自主创新能力，持续突破关键核心技术，在多个领域取得了具有自主知识产权、引领世界电网技术发展的科技创新成果，推动了能源生产和消费革命，促进了经济发展和生活方式的改变。本篇既对电网企业的一系列创新成果进行深入解读，描绘了"清洁、高效、智慧、互联"的能源互联网；又在全媒体时代语境下，对电网企业宣传工作的理念、内容、手段等进行全方位创新，实现了"对创新成果的创新解读"。

1 当"氢"遇到"可再生能源"就成了"绿氢"……*

今天要插播一节化学课!

元素周期表大家都熟悉吧?这其中就有一位大佬,它叫氢……

氢:对,就是我,我的英文名叫做Hydrogen。

虽然我是所有原子中的老幺,但我可被称为"21世纪的终极能源"!

氢:首先,我无色无味,极易燃烧,能和氧分子一起化合成水。

此外,我还有三大title,可不是吹牛。

---

* 本文为电科院徐珂、马瑜涵、章雷其、汪冬辉、梅简发布于"浙电e家",发布时间为2020-11-25,略作改动。

01　有身材——身轻如燕

在标准状况（0摄氏度和一个大气压）下，每升只有0.089 9克重——仅相当于同体积空气质量的6.9%。

02　有家底——家大业大

兄弟姐妹遍布宇宙，我和我的同位素兄弟姐妹们占到了太阳总质量的84%，宇宙质量的75%。

03 有能量——燃烧热值高

燃烧同等质量的我产生的热量,约为汽油的3倍,酒精的3.9倍,焦炭的4.5倍。而且我燃烧的产物是水,完全不污染环境。

 哇!这不是传说中的干啥啥都行嘛!

氢:我只是业界平平无奇的能源载体和燃料"小天才"。

 那工业界岂不是很多人向你抛出橄榄枝呀?怎么拥有你呢?

氢:我是一种二次能源,可以通过电解水获得,给水通上电就会产生氢气和氧气。

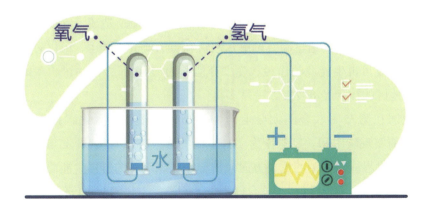

等下等下,你说你是二次能源,那岂不是还要花费一次能源?比如我要发电,那燃烧煤炭电解水制成氢来发电,怎么就不直接用煤炭发电啊?

氢:你先别着急,我有一个贵族兄弟,名叫"**绿氢**"。

 "绿氢"又是何方神圣?

氢:绿氢即可再生能源制氢。以太阳能为例,如果用太阳能来制氢,那就等于把无穷无尽的、分散的太阳能转变成了高度集中的干净能源了。目前利用太阳能分解水制氢的方法有太阳能热分解水制氢、太阳能发电电解水制氢、阳光催化光解水制氢、太阳能生物制氢等等。

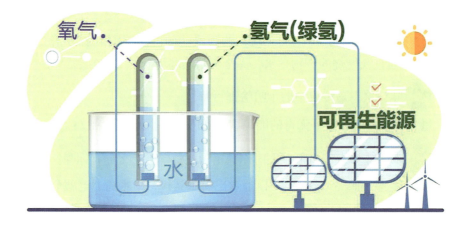

由于可再生能源本身的波动性以及输电能力限制所造成"弃能"现象得到了广泛的关注,而通过高效电解水制氢和氢的低成本储运,可以打通另一条有效开发可再生能源的途径,变"弃能"为"氢能",推动可再生能源资源富集地区的社会经济发展,一举多得!

我国在第75届联合国大会上向世界郑重承诺:二氧化碳排放力争于2060年前实现碳中和。氢能作为"21世纪的终极能源",其开发与利用已成为新一轮世界能源变革的重要方向。被称作"绿氢"的可再生能源,由于制备过程实现了"零碳排放",符合能源发展潮流,也得到业界广泛的认可。

二、创新解读篇

绿氢,不仅是实现高比例可再生能源的重要支撑,也是实现交通运输、发电、建筑等领域高度深度脱碳的最佳选择。通过绿氢,可以实现电力与建筑、交通运输和工业之间的能源互联。

相比于从工业原料中获取的"灰氢",绿氢来源于水,纯度更高、杂质更少,无需进一步处理就可以用于燃料电池热电联供、燃料电池汽车,优势相当明显。

 既然"绿氢"那么好,那它的出场费岂不是很"贵"?

氢:目前可再生能源制氢成本约为6美元/千克,当这一成本降至2.6美元/千克时,就可以拥有竞争力。根据IHS Markit的分析:自2015年以来,生产绿氢的成本已经下降了50%;到2025年,得益于规模扩大和标准化生产,绿氢成本将继续下降30%;到2030年,绿氢将比天然气更具成本优势。成本下降,未来可期。

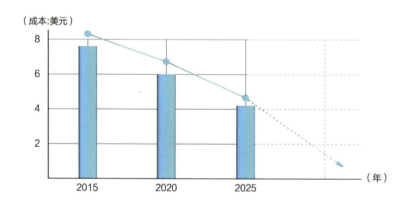

 "绿氢"之路,有何难关需要突破?

氢:氢能和可再生能源耦合利用是实现规模化替代化石燃料的重要途径,氢能微网可有效平抑可再生能源波动、提高消纳水平。直流互联是推进氢能支撑微网发展的技术趋势，但此类系统的稳定机理尚不明确，氢能利用效率和动态特性瓶颈仍未突破，氢热电多能流协同调度尚未完善，严重制约了系统的安全、稳定、经济运行，迫切需要建设氢能关键设备和系统集成的工程验证平台。

刚刚说到的问题，国网浙江电力正在积极探索破解。

2020年10月29日，经过六个月答辩闯关，国网浙江电力成功申报国家重点研发计划"可再生能源与氢能技术"重点专项。这也是国家电网公司牵头承担的首个氢能相关的国家重点研发计划项目。

项目力图揭示氢电耦合系统多时间尺度耦合特性，阐明直流互联系统稳定机理，攻克系统与装备的参数优化匹配方法，研制氢能与电池混合储能、直流换流器等核心装备，开发综合能量管理系统，并将在宁波建设具有国际领先水平的氢能支撑直流微网技术验证及工程示范平台。

从图中可以看到，示范平台将氢能与可再生能源耦合，通过氢能支撑的微网，满足用户对电、氢、热多种能源的需求，实现从清洁电力到清洁气体能源转化及供应的全过程零碳，清洁能源100%消纳。

在电热氢多时间尺度强耦合、源荷高度不确定、冲击负荷随机接入等条件下实现氢能支撑微网168小时连续离网稳定运行是示范平台最大的亮点,目前国际上无任何工程可以借鉴。需要系统设计、稳定控制、能量优化多领域协同技术攻关,将首创大量国际领先的成果。

项目的实施将有效支撑高弹性电网建设,推动氢能在交通、供暖等领域的综合利用,形成可复制可推广的可再生能源、氢能多元耦合微网技术方案,打造碳中和的综合供能模式,对推进我国能源生产和消费革命,新时代能源转型发展具有重大意义。

作品点评

讲"好"故事,讲"好故事"

"讲故事"对于宣传部门、媒体而言,看似是稀松平常的一件小事,但要讲好却是一门大学问。如何把故事讲"好",讲出人民群众真正喜闻乐见的"好故事",成为新媒体时代每一个媒体平台提高自身传播能力必须要考量的问题。《当"氢"遇到"可再生能源"就成了"绿氢"……》不仅讲述了一个有关绿氢能源的"好故事",而且还通过巧妙的叙述技巧、丰富的叙述材料讲"好"了这个故事。

一、讲"好"故事

"形象化"是构成优秀新闻故事、文学等作品语言生动性的重要因素。运用比喻、比拟等形象化修辞手法,将理论观点、事物的内在本质和发展变化情况等抽象内容形象化,使语言生动新颖,容易给人留下难忘的印象,提升新闻和作品的故事性、可读性。

该文通过第一人称的叙事方式,将"氢"拟人化,使得"绿色环保"这个有些"老生常谈"的话题顿时生动有趣起来,而且拟人化后的"氢"也容易让人联想到当下的网络用语"亲",拉近了与读者的距离。拟人化后的"氢"在充满生活化气息的语言中,逐步展开了"自我介绍":"对,就是我,我的英文名叫作Hydrogen。虽然我是所有原子中的老幺，但我可被称为'21世纪的终极能源'！"之后在介绍"氢"三个特性时，则分别将其"质量低"叫作"有身材——身轻如燕"，将"同位素多"叫作"有家底——家大业大"，将"热值高"叫作"有能量——燃烧热值高"。在这种通俗易懂、讲故事的氛围中，读者不知不觉就了解到了有关"氢"的知识。而在接下来的行文中，作者又通过"聊天"的方式，逐步引出了"氢"的"贵族兄弟"——"绿氢"。在一问一答、你来我往的"唠嗑"中，完成了有关"绿氢"的科普。

文章通过拟人的叙事手法，辅以活泼生动的语言，成功讲好了有关"氢"和"绿氢"的故事。

二、讲"好故事"

新闻和作品的主题非常重要，如果选择了那些具有重大意义、开创意义、普遍意义，对未来构成持续重大影响的主题，则构成了"好故事"的基石，离成功近了一大步。正如习近平总书记所言："我们现在有底气、也有必要讲好中国故事，这对激励广大干部群众继续沿着中国道路前进的信心和勇气、对加深国际社会对中国道路的认识至为重要。"

该文便讲述了一个有关中国坚持走绿色发展道路的"好故事"。文章以国网浙江电力为例，讲述了国网浙江电力在开发利用"氢"能源方面的故事。"2020年10月29日，经过六个月答辩闯关，国网浙江电力成功申报国家重点研发计划'可再生能源与氢能技术'重点专项。这也是国家电网公司牵头承担的首个氢能相关的国家重点研发计划项目。"该项目力图攻克有关开发利用"氢"能源的众多技术难题，并将在宁波建设具有国际领先水平的氢能支撑直流微网技术验证及工程示范平台。这一示范平台实现了从清洁电力到清洁气体能源转化及供应的全过程零碳，以及清洁能源的100%消纳。

该文之所以讲述的是一个"好故事"，有如下几个方面的理由。

首先是因为主题好。"我国在第75届联合国大会上向世界郑重承诺：二氧化碳排放力争于2060年前实现碳中和。"为实现这一目标，我国付出巨大的努力，而这些努力需要通过讲述来被世界人民所了解和认可，这一重担便自然而然地落在了作为"党和政府耳目喉舌"的各类新闻媒体和宣传机构身

上。"浙电e家"作为企业融媒体号,积极主动地承担了这份责任,在这篇文章中以"氢"为主角,讲述"绿色发展"的主题。

其次则是因为选材好。作为故事主角的"氢",是"21世纪的终极能源",其开发与利用已成为新一轮世界能源变革的重要方向。将"氢"能源的开发利用作为我国绿色发展的典型,无疑抓住了其中的关键点。

再次是因为语言好。该文可以被看作是一篇带有科普性质的新闻报道,但读者在阅读的过程中却几乎没有枯燥、生涩的感觉,这在很大程度上得益于活泼生动、通晓畅达的语言文字。除善用拟人化、生活化的表达方式之外,在涉及一些专业术语时,也能够用简单明了的文字加以说明,帮助读者理解。

讲"好"故事,讲"好故事",该文是有关中国绿色发展真正的"好故事"。

2 新型电力系统建设下，海量新能源消纳如何破题？*

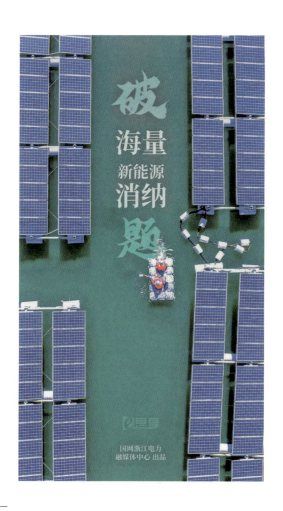

---

* 本文为融媒体中心陈丽莎、党委宣传部张子凡发布于"浙电e家"，发布时间为2021-04-23，略作改动。

中央财经委员会第九次会议提出，要构建清洁低碳安全高效的能源体系，控制化石能源总量，着力提高利用效能，实施可再生能源替代行动，深化电力体制改革，构建以新能源为主体的新型电力系统。

至此，新能源在未来电力系统中的主体地位，首次得以明确。

新能源将呈爆发式增长成为不争的事实。如何满足大规模新能源接入、消纳也成为实现碳达峰、碳中和目标的必答题。

面对这一难题，浙江正在进行系统性思考与解决。

从传统到新型的变化

浙江省一次能源匮乏，是能源净输入省份，典型的省级受端电网，外来电占比超35%，此种能源供给模式在东部沿海地区具有代表性。

数据显示，2020年浙江能源消费占碳排放总量的80%以上，能源消费终端又以电能为主，电力占能源碳排放约50%。考虑后续供给侧、需求侧进一步清洁化，电力对浙江碳达峰贡献度将超过50%。电力是优质高效的二次能源，是能源转型的中心环节，电网作为连接能源生产和消费的平台，在实施碳达峰、碳中和行动中将发挥"纽带""杠杆"作用。

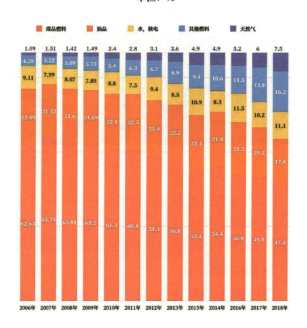

（来源：国家统计局）

与此同时，挑战也在加剧。这源于新能源的快速发展和新型用能设备的广泛接入。从传统到新型，电力系统运行特性正发生显著变化。

新能源目前主要指风电和光伏，还包括地热能、海洋能、生物质能等。构建以新能源为主体的新型电力系统，意味着风电和光伏将是未来电力系统的主体，进入倍增阶段。

（来源：中广核新能源浙江分公司）

到2030年，中国新能源装机可能会达到16亿～18亿千瓦，从现在起的未来十年，新能源装机将新增10.7亿～12.7亿千瓦。而"十三五"期间，我国风电和光伏平均每年新增装机为0.72亿千瓦左右。目前占全国发电装机约52%的煤电将降成辅助性能源。

总的来看，发电侧从以煤机为主、油气新能源为辅，到以新能源为主体、煤油气为辅，电网运行机理、方式路径需要系统性重塑。电力电量从强相关演变为弱相关，新能源的不确定性、波动性特征更加突出，长期短时局部缺电压力凸显，能源清洁低碳转型中的电力电量平衡问题成为焦点。

虽然新能源清洁高效、潜力无限，但同时也具有间歇性、不可控性等特征，就像草原上的"野马"，冲劲十足，但性情不定，难驯服。

拿浙江风光发电来说，"天热无风""云来无光"，完全"靠天吃饭"，一年中具备光照发电条件的时间也有限。随着装机倍增，多发电的时候怎么消纳，不发电的时候又如何满足高峰用电需求？

二、创新解读篇

（来源：朱礼平摄影）

三大矛盾亟待解决

概括起来，能源发展到今天，有三大矛盾亟待解决。

一、清洁发展与电网安全的关系

以浙江为例，"十四五"期间，浙江经济和电力将保持中速增长，全社会最高用电负荷、全社会用电量预计年均增长6%、5.4%，非化石电源装机占比将超过48%，风、光新能源"倍增"，省外来电占最高负荷比例持续保持约三分之一。高比例新能源、高比例外来电、高峰谷差"三高"挑战风险加重。

二、清洁发展与电力稳定可靠保障的关系

风电和太阳能发电随机性大，主要提供的是电量。而对于瞬时平衡的电力负荷，风电和太阳能发电则靠不住，既不受电网企业管制，又依赖气象条

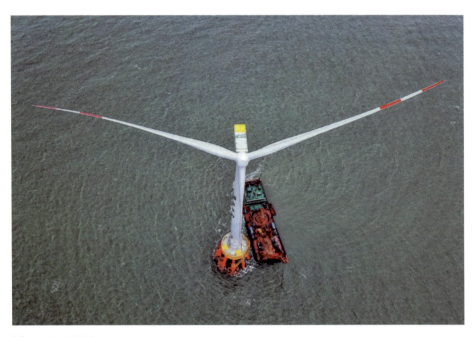

（来源：张帆摄影）

件，需要顶峰时顶不上，需要暂停时停不下。且用电需求呈现冬、夏"双峰"特征，峰谷差不断扩大，电力保障供应难度加大。

三、清洁发展与系统成本的关系

为适应"三高"、冬夏"双峰"形势下新能源并网和消纳，电力系统源网荷储各环节建设和运营成本都要增加。

2020年，浙江最高电力负荷9 268万千瓦，日最大峰谷差达3 314万千瓦，统调尖峰负荷95%

以上累计时间为27小时，为了一年中的这27小时尖峰用电，需要建设约5台百万千瓦的发电机组和相关配套设施给予保障，投资高达数百亿元。

换句话说，传统的技术手段和生产模式，已不能适应高占比新能源电网的运行需求。新型电力系统建设迫切需要解决既要保障能源安全、又要推动低碳发展、还要降低用能成本的"三元矛盾"。而这也是实现碳达峰、碳中和目标所必须破解的难题。

不仅仅是浙江，放诸全国来考量，这些问题也相通。

探索破题思路

诸多矛盾亟待解决的背景下，国家电网在浙江率先探索解困碳达峰的思路，即建设能源互联网形态下多元融合高弹性电网，通过唤醒海量资源，让能源系统中的电源、电网、用户负荷、储能得以互动，让安全、效率双双提升，更好地适应各类能源互联互通互济，提高能源资源在更广范围内的优化配置能力，提升全社会综合能效，从而实现保障能源安全、推动低碳发展、降低用能成本的"三重目标"。

多元融合高弹性电网给出了新型电力系统战略要求下的省域电网探索建设路径，并贯通"碳排放—能源—电力"这一核心链条，有效支撑碳达峰、碳中和行动。

目前，国网浙江电力已初步完成多元融合高弹性电网的概念设计和框架体系构建，制定了弹性指数、效能指数、互联指数三大维度指数构成的高弹性电网发展指标体系。如今形成了"四梁八柱"支撑体系，即围绕"源网荷储"四个电力系统核心环节，通过灵活规划坚强网架、电网引导多能互联、设备挖潜运行高效、安全承载耐受抗扰、源网荷储弹性平衡、各侧资源唤醒集聚、市场改革机制配套、科创引领数智赋能等八个方面，推进多元融合具体落地。

多元驱动、要素融合，解决输送"瓶颈"，提高电网承载能力，唤醒"沉睡"资源，高弹性电网可以让每个"用能者"都成为"供能者"……破题思路渐次清晰。解决壁垒的政策机制突破，也正当时。

高弹性电网助力新能源消纳

当前,在浙江,源网荷储互动融合、增加电力系统弹性的实践已经展开。

在电源供给侧,浙江自身资源禀赋较少,一方面通过加快特高压环网建设,提升清洁能源入浙能力,另一方面,积极发展本省风电、太阳能发电并确保全消纳。"十三五"期间,浙江光伏规模增长迅速,2020年底光伏发电装机容量1 517万千瓦,较2015年增长827%。光伏发电已成为浙江仅次于火力发电的第二大电力来源。2021年3月22日12时23分,浙江全社会光伏发电输出功率达1 004万千瓦,首次突破1 000万千瓦。这意味着,该时刻浙江全省超七分之一的用电由太阳能提供。

(来源:王幕宾摄影)

在促进光伏消纳上,国网浙江电力强化光伏发电并网和运行。通过营销用电信息采集系统与浙江调控云系统数据交互,实现全省低压并网分布式光伏的信息采集,结合数值天气预报,实现多口径、多区域、多时间尺度光伏发电功率预测,提升分布式电源与可控负荷、储能的协调配置能力,实现新能源全额消纳。

在电网输送侧,除了动态增容改变刚性输电限额,杭州、湖州等地还通过创新潮流控制技术,在不新建电网工程的情况下,将易过载的线路电流"挤压"到其他承载力更大的线路上,也可以将电流"吸引"到宽松的线路上,从而动态优化电网潮流分布,有效缓解部分重载线路的过载压力,提升区域电网的整体承载力和安全性,也为新能源消纳让出更多通道。

在储能侧,浙江电化学储能、氢能储能以及抽水蓄能等储能业务相继涌现,弹性调节水平不断提升。抽水蓄能是目前世界上技术最成熟的大规模储能方式,具有启停便捷、反应迅速、经济合理等优点,作为电力系统的"稳定器""调节器""平衡器",是以新能源为主体的新型电力系统的重要组成部分。预计到2030年,抽水蓄能可新增消纳新能源5 000亿千瓦时以上。2020年12月20日,浙江湖州长龙山抽水蓄能电站送出工程正式投运。该电站投产后,在夜晚用电低谷期间用电抽水,将电能转化为水的势能;到白天用电高峰期间放水发电,缩减电网负荷峰谷差。这相当于给电网安上一个巨型"充电宝",进一步提高电网弹性和用电稳定性。

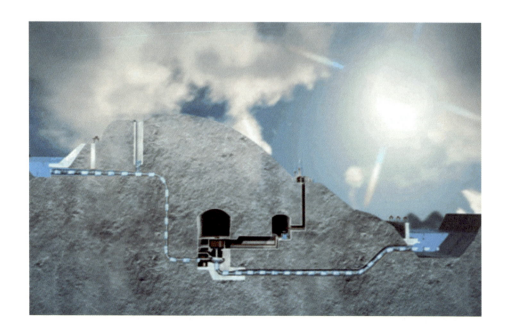

  在用户侧，各地主要采用通过工厂、商场、电动汽车充电设施等电力用户参与供需调节，来实现削峰填谷。2020年，浙江省通过市场手段汇聚了577万千瓦削峰负荷、322万千瓦填谷负荷的"资源池"，折算成经济价值，相当于少建一座五百万千瓦级的大型电站，减少不必要的投资180亿元以上。

  在浙江丽水，结合用电高峰的实际，探索"错峰发电"，互换峰谷发电时间，让部分小水电站主动调配到晚上发电，将白天发电时间更多让"路"给风电、太阳能等新能源发电站；利用小水电站优势，借助光纤、无线专网及北斗通信新技术，建设"虚拟电厂"，把全域星罗棋布的1 000多座风、光、水等可再生能源小型电站和百万个分散的负荷用户聚集起来，让原本海量的无序资源变得有序可调节，形成一个可根据电网需求提供绿色零碳电能的百万千瓦级"超大号电池"。近日，当地发改部门还发布了探索建立"源网荷储一体化"清洁能源消纳长效机制的文件，致力于提升区域能源清洁利用水平和电力系统运行效率。

  在浙江嘉兴，海宁尖山"源网荷储一体化示范区"和"绿色低碳工业园建设示范区"于2021年3月31日挂牌成立。当地通过源网荷储主动配电网等大量试点，创新性建设了源网荷储一体的区域能源互联网，实现了新能源的100%

消纳和高效利用。过去一年，尖山新区本地新能源发电量5亿多千瓦时，占地区全社会用电量比例超过30%。

浙江舟山，完成了全球首个五端柔直系统大功率试验，将最大输送功率从日常运行的25%提升至100%，有力提升海岛新能源消纳能力。柔性直流输电技术相当于"水管的开关"，可以对有功和无功功率进行独立控制，帮助电力供应和需求完美匹配。有功功率和无功功率就像是"热水"和"冷水"，常规直流输电只能调节"热水"，而柔性直流输电可同时对"冷水"和"热水"进行调节，能够让整个电力系统的运行方式更加灵活，可控性得到更大提升，海上风电、滩涂光伏、潮流能统统被全额消

（来源：周前摄影）

纳。截至2021年4月20日，舟山柔直系统运行1 911天，累计新能源送出近10亿千瓦时。

在浙江温州，分布式光伏碳资产聚合试点已启动。企业的光伏发电除了售卖电量获取收益，现在还能把光伏清洁能源发电量折算成自愿减排量。这部分减排量通过国家核证后，企业就可以在碳排放权交易市场进行交易，从而获取额外利润。企业获益，助力新能源消纳，倡导节能减碳，一举多得。

国网浙江电力还推进杭州泛亚运、宁波泛梅山等多元融合高弹性综合试点示范建设，其中杭州2022年亚运会场馆将100%实现绿色供电。

（来源：杨学君摄影）

高质量碳达峰未来可期

按照国网浙江电力的规划，预计到2023年年底，浙江将依托高弹性电网基本建成能源互联网示范窗口。秒级、分钟级可中断负荷达到500万千瓦，瓶颈、断面累计释放输送能力达到千万千瓦级别，全社会单位GDP能耗下降5%以上。放到全国这将是一个非常庞大的节能减排数据。依托高弹性电网建设，至此还将实现千万千瓦级别新增新能源安全消纳，提升千万千瓦级别清洁外来电受入能力，电能占终端能源消费比重达40%。

到2025年，浙江电网弹性指数将达到国际领先，效能指数和互联指数达到国际先进。在高弹性配电网建设中，通过高质量推进输配电网、城乡电网、源网荷储协调发展，到2025年，浙江城网、农网供电可靠率分别可达99.986%和99.965%。

作为"绿水青山就是金山银山"等重要理念的发源地的浙江，重视且珍视绿色发展，具有多种类能源电力供应方式，具有网络强省、"数字浙江"的信息技术优势，具有活跃的市场主体和高效运转的行政组织，一定可以高质量实现碳达峰、碳中和目标，未来可期。

作品点评

精巧"破题"，专业内容也能接地气

2021年4月22日，继在第75届联合国大会上宣布"双碳"目标后，习

近平主席在领导人气候峰会上再次明确中国将严控煤电项目,"十四五"时期严控煤炭消费增长,"十五五"时期逐步减少。同时,中央财经委员会第九次会议提出,构建以新能源为主体的新型电力系统。可以预见,在不远的将来,风电、光伏等新能源发展将进入爆发式增长阶段。在此背景与趋势下,传统电网行业如何接入与消纳海量新能源并实现自身高质量发展转型,已成为现实需求与急需破解的一大难题。如何将这一专业性很强的问题向每一位可能触达的普通受众讲清楚、说明白,如何把电网行业的所思、所为以及将为告诉社会公众,需要从内容、逻辑、形式上发力,全方位精巧"破题",使专业内容也能接地气。

一、内容破题,平衡普遍与特殊的关系,突出浙江破解新能源困局的智慧方案

改革开放的先行地——浙江,始终坚持引领风气之先,持续打出创新牌。根植于之江大地的国网浙江电力,一直走在能源转型发展的前沿。作品具体阐述了国网浙江电力加快打造以新能源为主体的新型电力系统浙江样板的多重实践,提纲挈领地概述了其以多元融合高弹性电网为路径,大规模储能为必要条件,源网荷储协调互动为关键举措的战略思路。作品通过架构完整、逻辑清晰、生动真实的图文内容,呈现出国网浙江电力对破解改革发展难题、加快打造新型电力系统省级示范区充满斗志,力争做到各项工作走在前、作示范,为国家电网公司建设具有中国特色国际领先的能源互联网企业贡献更多智慧、更大力量的昂扬面貌。

二、逻辑破题,由浅入深,抽丝剥茧剖析问题本质,专业性跃然屏幕之上

作品行文思路清晰,遵循"是什么—为什么—怎么做"的基本逻辑,始终以"破题"为主线,以"新能源发展困局是什么—困局为何形成—怎样破解困局"思路扣题。作品以受众相对更为熟悉的浙江省能源消费结构入手定位当前所处的能源转型阶段,引导受众认识目前新能源发展的矛盾与困境。由此了解国家电网公司的破题思路与方案,即坚持清洁低碳是方向、能源保供是基础、能源安全是关键、能源独立是根本、能源创新是动力、节能提效

要助力，创新电网发展方式，增强系统调节能力，引导用户节能提效，加快推进电网向能源互联网升级，努力争当能源清洁低碳转型的推动者、先行者、引领者。随后，展开关于国网浙江电力在国家电网公司指导下对"破题"的探索与实践的具体讨论并基于这一路径放眼同全省产业布局蓝图共生共荣的美好未来。

值得一提的是，作为一篇带有科普性质的宣传稿件，该作品的专业性通过字里行间的严谨表述与翔实完整的数据引证自然流露出来，这些又增强了稿件的可信度与权威性，有助于取得良好的传播效果。这份能够被受众清晰感知、非刻意塑造的专业性，既是电网人真本领、真本事的体现，也是国网浙江电力人才集聚，"双创"工作扎实推进的侧面反映。

三、形式破题，权威数据可视化呈现，辅以高质量摄影配图，视觉效果出众

专业问题要向普通受众讲清楚、说明白的关键一步就是降低专业门槛，可视化呈现是实现这一目标的有效方法。作品的可视化应用主要有两类：一类是如篇首能源消费结构的数据呈现，特征一目了然，省去了繁杂的文字说明；另一类是"高弹性电网助力新能源消纳"部分的动画呈现，配合生动形象的文字比喻（如将抽水蓄能比作电网的巨型"充电宝"），抽象的工程原理具象化后便于理解。高质量的摄影配图也丰富了文本展示的角度与层次，如水电站配图反映出的优美生态环境，侧面展现出国网浙江电力将绿色发展理念融入电网建设运行全过程。

与此同时，为了避免大段枯燥的专业说明在新媒体传播中极易引发的受众阅读疲劳，该作品非常善于运用分段的形式美感，并以高亮及彩色标识重点。这一方面可以帮助受众提炼重点，提高阅读效率，另一方面也能够帮助创作者合理布局、详略得当，通过区分高亮颜色、插入精美海报、配以动态图片等多种技巧提升受众阅读完成度，取得良好传播效果。从微信公众平台的数据来看，该作品阅读量10万+、点赞数4 000+、在看数5 000+，评论质量高且与文本高度相关。

"30·60"目标，国家电网先行。本作品发布于领导人气候峰会的中国承诺之后，同时也是国家电网公司"碳达峰、碳中和"行动方案正式发布之

后。紧追热点,是电网人立足服务党和国家工作大局,电力行业作为"大国重器"和"顶梁柱",牢记使命、勇挑重担、敢扛责任的魄力彰显。好的企业宣传作品不仅要有与内行人沟通的功能,也要搭建与外行人交流的桥梁。如何让专业内容"飞入寻常百姓家"?这篇作品给予了我们这一难题的优质答案:巧思破题,兼顾专业与接地气,从内容、逻辑、形式等多角度着手,降低专业门槛的同时不失专业水准,提升内容趣味性的同时不失品质格调。

3 水电大省的"电"去哪儿了？*

* 本文为国网四川电力发布于"中碳金禾"，发布时间为2022-08-24，略作改动。

四川，地处长江上游，有大小河流近1400条，水资源总量共计3489.7亿立方米，水电资源技术可开发量约1.48亿千瓦，占全国总量的21.2%，是"西电东送"的重要送出端。

截至2021年12月底，四川电网已建水电装机容量8887万千瓦，居全国第一。

四川水电装机分布示意图(部分)
（数据截至2021年10月）

岷江流域
- 已建水电站：59座
- 总装机：573万千瓦

雅砻江流域
- 已建水电站：49座
- 总装机：2070万千瓦

嘉陵江流域
- 已建水电站：52座
- 总装机：523万千瓦

四川水电装机分布示意图

金沙江流域
- 已建水电站：29座
- 总装机：1963万千瓦

大渡河流域
- 已建水电站：103座
- 总装机：2463万千瓦

作为四川人，你必须知道 "大雅金岷嘉"

2021年，四川全口径发电量4519亿千瓦时，其中水电发电量就高达3724亿千瓦时。

据统计，2021年，四川水电发电量达3724亿千瓦时，而全社会用电量为3274.81亿千瓦时，这就说明，四川发出的水电，自己是用不完的，那就需要通过电网将其源源不断送到其他地方，简称"外送"。反之，当四川电力出现紧张情况，就需要通过全国统一电力市场从省外地区购入电力电量供本地使用，这就是"外购"。

- 3724亿千瓦时 水电发电量
- 3274.81亿千瓦时 全社会用电量

四川2021年6月-10月（丰水期）
- 水电发电量 2212亿千瓦时
- 火电发电量 182.89亿千瓦时
- 外购电量 0.96亿千瓦时
- 外送电量 978.16亿千瓦时

四川2021年12月-2022年4月（枯水期）
- 水电发电量 1129亿千瓦时
- 火电发电量 422.43亿千瓦时
- 外购电量 64.32亿千瓦时
- 外送电量 341.98亿千瓦时

......

二、创新解读篇

（原作品请扫描二维码观看）

作品点评

在清新可爱的图文中讲述水电大省的卓越贡献

2022年8月24日，国网四川电力发表了题为《水电大省的"电"去哪儿了？》的微信公众号推文长图，该长图风格清新，层次鲜明，图文并茂，内容生动，四川这个水电大省对全国的卓越贡献被展现得淋漓尽致。习近平在党的二十大报告中指出，在传播中要展现可信、可爱、可敬的中国形象。该长图以一种可爱的风格充分呈现了水电大省可信的数据和可敬的形象，一经推出便被众多主流媒体官方平台转载，获得了良好的社会影响。

一、创意清新可爱：让宣传内容引人入胜

《水电大省的"电"去哪儿了？》长图的设计风格非常清新、淡雅，图片色调以绿色系为主，搭配淡紫、浅蓝、浅绿、灰色、白色的图形标识，并配合橘黄、灰黑、白色、绿色文字，整体看来非常可爱。绿色有着多重的隐喻含义，绿色代表了四川自然环境的整体色调，也代表了清洁的水电资源，更代表了四川为全国生态环保、绿色发展做出的杰出贡献。

长图上的一大亮点是国网四川电力官方IP"电啵啵"的可爱形象。川蜀大熊猫闻名世界，电啵啵便是基于大熊猫形象打造的IP，该IP形象已经成为国网四川电力公司在新媒体平台吸粉的一个重要动因。长图上的电啵啵共出现四次，外表憨态可掬，身着蓝色电力工作服，一副资深专家的样子，似乎正在讲解专业知识。

长图上灵活运用了多种图示图形，比如以绿色为主色调的山川和城市印象轮廓、淡紫色的英文小标题框、淡绿色的中文小标题框、白底绿色或灰

色轮廓的地图、绿底白字或黄字的图注框、绿色为主色调的电力设配写意图形、浅绿与橘黄搭配的数据可视化图形等等。这些图形的设计保持了整体画面清新、可爱的风格，与文字解读相得益彰，给公众提供了良好的视觉感受。

二、层层悬念设置：构建逻辑严密的阐释

该长图的叙事采取了悬念引领式的结构，即不断提出问题，然后在下文给出答案和解释说明，这种结构有利于引发读者和公众的思考，并能够形成层次鲜明、逻辑严密的结构。

在长图最顶端是大标题"水电大省的'电'去哪儿了？"这是整个长图内容的最大悬念，也是全篇的主题、主旨，搭配标题四行文字"高山融雪，倾泻直下；百转千回，润泽川蜀；四川，这个水电大省，因水而起，因水而兴"和山峦图形，为全篇提供了提纲挈领的引导性问题。全篇分为三大部分，每个部分的小标题也都是以提出问题的方式设置悬念。第一部分标题为"四川水电有多少？"第二部分标题为"四川水电去哪儿了？"第三部分标题为"四川水电为什么要外送？"每一部分都围绕标题问题用文字、数据、图示详细介绍。全篇的重点是第三部分，在小标题问题之下，作者又提出了两个小问题："那么，可不可以将夏天用不完的水储存起来，留在冬天用呢？""那么，可不可以将水电全部用于本地消纳，索性不外送了呢？"图中用菱形、浅绿底色、深绿黑体字分别对两个问题做出了直接回答："很遗憾！""答案是不可以！而且外送是必须的！"而后在下边做出了详细的解释说明。这些问题的设置非常巧妙，一方面是作为悬念推进全篇叙事的进程，另一方面也是代表普通群众提出了大家关心的问题，进而将问题有理有据地一一解答。

三、翔实数据展现：水电大省的卓越贡献

该长图的另一个重要特征是充分展示了四川水电发展的相关数据，用翔实的数据直观呈现四川水电的故事。特别是第一部分"四川水电有多少？"和第二部分"四川水电去哪儿了？"行文描述和图示都是以数据解读为主。

第一部分涉及的内容主要有四川河流分布、水电资源开发、水电装机容

量、水电装机分布、四川电网各类型装机容量分布等。

第二部分涉及的内容主要有四川水电发电量和全社会用电量的比较分析，丰水期和枯水期分别的发电量、外送电量和外购电量的比较分析，2021年四川全口径外送电量目的地分布图，以及减碳成效数据等。这些内容用数据配合图示呈现，更加直观、形象、生动。

第三部分"四川水电为什么要外送？"相比较前两部分数据呈现较少，主要是由于这部分的主旨在于向公众解释最核心的关切议题，并具体说明三点原因，即：大型水电外送由国家统筹安排、省内富余水电须优化配置、丰枯互济可以实现互利共赢。虽然这部分数据较少，但这些解释说明的基础却来自前两部分数据的有力支撑。同时，也是在第三部分，全篇的主题得到了升华，四川在"西电东送"工程中举足轻重，对全国的电力事业和经济发展做出了巨大的贡献。

4 | 数说中国电价体系 *

数说中国电价体系

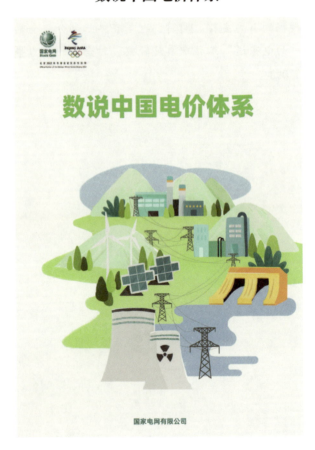

---

* 本文为国家电网有限公司发布于"浙电e家",发布时间为2020-05-22,略作改动。

电价谁来管？

总原则

政府出政策，企业来执行

国家发改委
对电价政策和输配电价总水平进行管理

各地发改委（物价局）
负责具体落实政策和制定当地电价

管什么

- 电力用户的用电价格（销售电价）
- 电网企业的输配电价
- 发电企业的上网电价

电价管理演进

1985前
电能生产和传输均由国家统一管理，没有区分上网电价和输配电价。政府分类制定销售电价。

至2015
电能生产和传输逐步实行企业化运营管理。上网电价逐步形成完善的政策体系，由政府定价；销售电价管理方式基本不变；输配电价没有单独核定。电网输送成本通过销售电价与上网电价之差弥补。

2015年以来
启动电力市场价格机制改革，政府逐步放开上网电价和销售电价管理，由市场竞争形成；输配电价由政府单独制定。

电价的构成

上网电价
+
输配电价
+
线损折价
+
政府基金及附加
=
销售电价

上网电价 —— 发电企业电能生产成本

输配电价 —— 电网企业电能传输成本

政府基金及附加

由国务院批准,通过电价征收的非税收入,用于补贴可再生能源发电、重大水利工程建设、水电站库区移民等。

销售电价 —— 电力用户最终用电价格

根据用电类别分别制定大工业、一般工商业及其他、居民、农业四类销售电价。

2018年销售电价构成情况

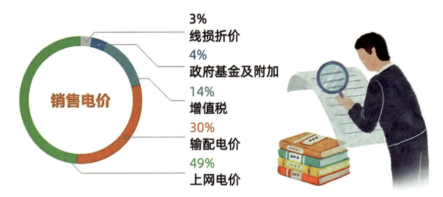

销售电价
- 3% 线损折价
- 4% 政府基金及附加
- 14% 增值税
- 30% 输配电价
- 49% 上网电价

上网电价怎么定?

上网电价是按发电类型确定的,本轮电改前主要由政府定价,用于覆盖发电企业投资运营成本和利润。不同能源产生的电能,上网电价不同,包括煤电水电、核电、风电、光伏发电、燃气发电等。随着电力市场改革的深入,上网电价逐渐转由市场形成,电价波动对用电成本的影响更加明显。

2004年以前
"一厂一价",政府部门对每个发电厂进行单独定价。

2004年至2019年
"标杆电价",政府部门对新投产发电机组按发电类型,分地区核定上网电价。

电力市场建立后
保障居民、农业用电的低价机组外,全部通过市场竞争形成上网电价。

......

（原作品请扫描二维码观看）

抓准时·掌握度·注重效

融媒体时代，互联网科技发展迭代、数字化技术日新月异，移动互联网成为信息传播和观点交流的主要场域，传播主体呈现多元化，传播信息日益碎片化，网络间充斥着海量的信息和观点。无论是媒体机构，还是品牌宣传部门，获取必要流量争夺有效关注，所付出的成本和努力也越来越大。

总体而言，要想在网络流量竞争中拥有一席之地，就必须适应当前融媒体发展需要，遵循新闻传播规律和新兴媒体发展规律，强化互联网思维，坚持先进技术为支撑、内容建设为根本，注重守正创新，打造出真正有新意、有吸引力的融媒体作品。《数说中国电价体系》作为典型的融媒体作品，充分体现了"时""度""效"要求，成功实现了传播手段和话语方式的多维创新，将我国电价体系和在世界范围内的电价水平以可视化的方式进行了解读，真正做到了以优秀的作品服务于群众、以贴心的作品服务好群众、以理性的作品安抚好群众。

一、抓准时：把握时势，答疑解惑

日常生活中，供电服务作为基本需求，几乎每家每户每个人都会用电、需要缴纳电费，但大部分公众对于我国的电价体系、电价水平并不了解，甚至在一些特殊情况下，还会听信各种道听途说的信息，对相关政策和服务作出错误的判断和解读。在此背景下，作为供电企业自身宣传部门，在及时承担社会责任，为人民提供相关信息的同时，更应该针对公众的疑虑和困惑，及时进行解读。

《数说中国电价体系》紧跟态势,通过图表直观地呈现了相关内容,让公众对于电价政策的制定者、电价管理演进、电价的四种构成及定价方式有了进一步的认识。尤其是"如何节省电费"版块对于居民阶梯电价的介绍,以不同颜色的字体进行区分,列出了按居民用电量分出的三档电价——"较高生活质量用电""合理用电"和"基本用电"。通过显示百分比的条形图让人们了解到电价最低的"基本用电"能够覆盖80%的居民用户,"合理用电"能够覆盖高达95%的用户,便于公众对自己的用电水平进行衡量。

二、掌握度:把握力度,通俗易懂

长期以来,许多传达政策、普及知识的新闻产品都热衷于密集的文字呈现形式,力图面面俱到,将所有细节一并灌输到公众的头脑当中。但在如今注意力稀缺的时代,对于习惯碎片化阅读、视觉化呈现的公众而言,这种繁复的表达已然不占优势,逐渐失去主导地位。更需要提及的是,随着公众日益分布于不同平台,分众化、精准化传播需求日益突出,在此情况下,传统的一稿宣传打天下、一次传播天下知的局面早已不复存在,亟须要根据受众需求、传播渠道和技术变化等进行调整。

《数说中国电价体系》则深谙互联网思维,详略得当,创新理念、内容、体裁、形式、方法,借助可视化呈现提高了传播效果。

具体而言,两则新闻产品运用了脉络型、对比型、列举型三种可视化手法。《数说中国电价体系》以时间为脉络,对我国电价管理演进、上网电价定价和输配电价定价的改革历程进行了梳理,得出重点内容,然后用关键词加以总结。此外,文章采用列举法,通过环形图和条形图列举了电价的不同构成、各类能源发电的电量占比。

就这则可视化新闻产品的优点来说,主要表现在两个方面:其一,简洁直观,信息量大。将复杂的信息融于图表当中,且依托国家电网官方数据,可信度高,以省时省力的方式详细地普及了电价知识。其二,图文并茂,吸引眼球。整体以绿色、橙色为主色调,色彩清新自然,图表和插画的结合更为文章内容增添了趣味性,不易让人视觉疲劳,这种视觉冲击力与形象感染力能更好地引起读者共鸣。在未来的新闻产品中,可考虑增加动态图片、h5交互设计等,增强公众的参与感、沉浸感。

三、注重效：讲究策略，引领导向

在全媒体时代语境下，习近平总书记强调新闻宣传工作要推进理念、内容、手段、体制机制等全方位创新。这一希望和要求是新闻舆论工作的突破口，也是中国特色社会主义新闻事业创新发展的理论指南和实践依托。

《数说中国电价体系》不仅落实了以人民为中心的理念，也践行了"高举旗帜、引领导向"的方针。该文对分时电价、居民阶梯电价的解读让公众了解如何节约用电更省钱，贴近人民的生活，充分彰显了中国特色社会主义制度的优越性，体现了我国"以人民为中心"的发展思路。

5　新观察：从电力消费指数看浙江*

转眼，2020年已行进至6月。疫情影响之下的社会经济运行活跃度究竟恢复几何？如何回顾过去的5个月？如今我们又有了新的观察方式。

继2月份在国内首创"企业复工电力指数"后，今年5月，国网浙江省电力有限公司推出了全国首个电力消费指数（EPI）（以下简称指数），从电力能源消耗需求变化，真实反映浙江省各地区各产业各行业运行状况。

众所周知，电力是国民经济的"温度计"和"晴雨表"，电力需求的变化可折射出经济运行的活跃度。国网浙江电力基于用电量及业扩报装变化情况，构建电力消费指数，从区域、产业、行业等多个维度开展分析，以衡量电力消费水平及发展趋势，为政府部门提供决策参考。

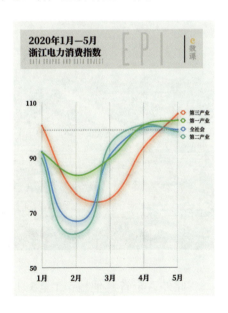

100是指数的荣枯线，换言之，指数在100以上意味着恢复以往水平，100以下则还有待恢复。

1至5月，浙江省累计指数为92.01，较1至4月累计指数89.90上升2.11。

---

* 本文为融媒体中心陈丽莎、营销部裘炜浩、宁波公司单宋佳发布于"浙电e家"，发布时间为2020-06-17，略作改动。

5月经济运行延续4月稳中有进的发展态势,单月指数(100.03)高于去年平均水平,电力消费V型反弹企稳,恢复至荣枯线以上。

电力看地区发展

从地区看,由于鱼山石化项目拉动,舟山累计指数(134.08)保持各地市之首,舟山1至5月电量同比增长92.30%。

此外,全省其他地市1至5月指数也均有上升。比如绍兴,该地由于区域经济特性明显,纺织业及相关产业链(纺织、服装、化纤、化工等)占半壁江山,且主要依赖外贸出口,前期受疫情影响较大。后续得益于浙江省防控办出台进一步支持外贸企业渡过难关的相关政策,从金融、财税、保险、稳定岗位、法律援助等10个方面对外贸企业进行实质性的支持和帮扶,绍兴指数增速也在明显提升。

电力看产业发展

1至5月，全省三大产业累计指数分别为95.68、92.07、90.91，较1至4月的92.74、90.19、87.06，分别上升2.94、1.88、3.85，第二、三产业受疫情影响较为严重。在突如其来的疫情冲击下，浙江经济社会大局保持总体平稳，第三产业虽恢复较晚，但至5月，回升速度高于第一产业、第二产业。

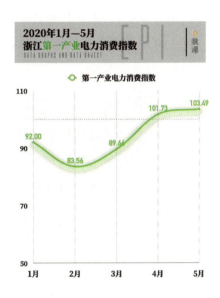

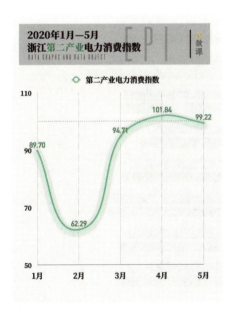

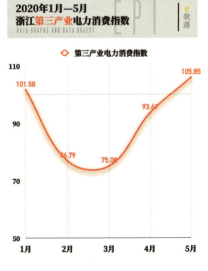

电力看行业发展

今年1至5月,累计指数最高的行业是信息传输、软件和信息技术服务业(111.89),最低的是住宿和餐饮业(76.06)。

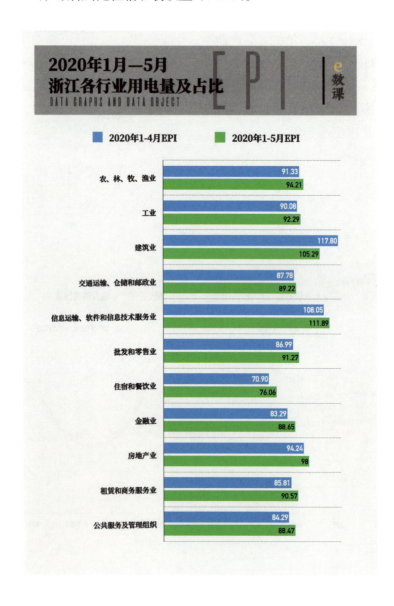

从指数看，疫情对各行业影响有较大差异。

2020年在疫情影响的背后，出现了新的经济增长点。数字经济正成为发展新引擎。随着浙江省城市大脑、移动支付之省等标志性工程以及国家数字经济创新发展试验区的全面推进，今年1至5月信息传输、软件和信息技术服务业累计指数，分别高于第三产业和全行业面上20.98、19.88，已成为电力消费水平增速最高的行业。

再看住宿和餐饮业，疫情以来，该行业面临着上涨的运营成本和骤减的客流量的双重压力，电力消费水平低于第三产业和全行业。

眼下，阶段性停摆的行业正有序恢复。5月，随着疫情缓和以及居民消费信心的恢复，生活性服务业（住宿和餐饮业、批发和零售业等）累计指数迎来恢复性增长。

住宿和餐饮业 EPI 指数

从指数看，1至5月，住宿和餐饮业累计指数76.06，较1至4月提高5.16。5月单月指数回复至92.28，增速居十一大行业前列。"报复性"吃喝的大军中，是否你也是其中一员？

这和我们所知晓的现实也相吻合。

五一期间的旅游热还历历在目。浙江省文化和旅游厅数据显示，5月1日至5日，浙江全省4A级及以上景区接待游客829.2万次，日均接待165.8万人次。据测算，"五一"期间，全省全域旅游人次近8 000万，实现旅游收入约57.3亿元。

旅游市场的平稳恢复，加之此前浙江省政府出台的16项提振消费举措，以及各地发放的消费券刺激等，都有效促进了服务性消费的明显回暖，也说明政策扶持效果得到显现。

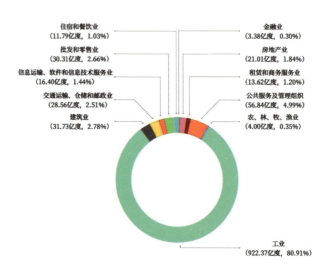

从用电量上看，住宿和餐饮业1至5月用电量在十一大行业中用电量下降最为明显。但从业扩情况看，今年1至5月净增容量较去年同期上升11.82万千伏安，这说明该行业在下一阶段电力消费水平增长具有较大潜力。

电力看当下重点关注行业

制造业

工业是实体经济的主体，工业稳则经济稳，制造业是工业的重中之重。

作为制造业大省的浙江，尤是如此。

从制造业指数看出，其电力消费水平变化与第二产业走势高度重合，与全行业走势较为接近，原因是制造业是浙江电力消费的主军，很大程度上影响浙江省整体的电力消费水平。

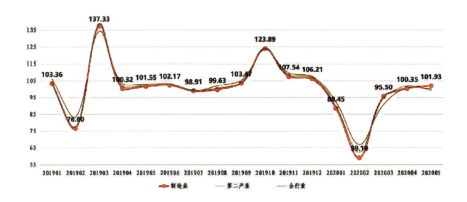

制造业EPI指数

4月制造业由于全面的复工复产，单月指数迅速回升至100.35，5月为101.93，略高于第二产业和全行业面上2.71和1.90。

且从该行业1至5月同比上升的累计业扩净增容量看，也说明下一阶段制造业电力消费还有较大的增长空间。

外贸企业

从指数变化走势看，2019年由于贸易保护主义抬头，外贸企业指数自2019年10月达到高点以来持续下降；同时受疫情叠加影响，2020年2月指数急剧下降至75.74。

然而，浙江对外开放水平高、数字经济活跃、体制机制灵活等优势成为短期外贸波动的稳定器。

1至3月，浙江省出口总值4 415.5亿元，同比下降10.4%，同期全国下降11.4%；3月，浙江出口加快恢复，同比增长5.6%，同期全国下降3.5%；

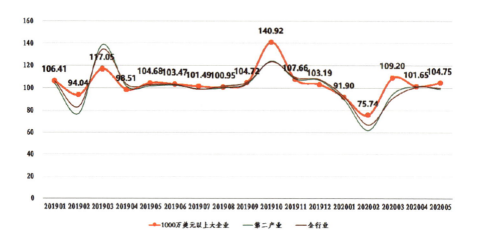

外贸企业EPI指数走势比较图

至5月,浙江外贸企业指数(104.75)维持在荣枯线以上,高于全行业整体水平,恢复速度全国领跑,表现出较强的应变能力和修复能力。

防疫企业

防疫相关企业指数2019年总体趋势基本与第二产业和全行业指数相符,2020年2月以来由于顺应防疫大潮,防疫用品需求大增,防疫企业指数逆势迅速攀升,5月单月指数为125.29,较全行业指数高25.26。

2020年1至5月,全省防疫企业指数为116.49(高于全行业24.48),较1至4月112.74上升3.75。

这和当前全球疫情仍在持续的态势息息相关。5月15日,美机构统计全球累计确诊病例约800万。

防疫用品需求量的持续增长,从用电量也可以看出。浙江防疫企业5月用电量0.40亿千瓦时,同比上升32.67%,该行业电力消费情况较好。

不难看出,这些经济主体承受住了外部环境变化的冲击,正在企稳回升,保持健康发展。这背后是"六保""六稳"等相关政策的发力,让经济向好的信号持续释放,并逐步增多。

从指数分析到应用

作为浙江省发展改革委MEI指数的重要组成部分,该电力消费指数由国网浙江电力定期向浙江省发展改革委提供,实现"电力看区域""电力看产业""电力看工业""电力看新建""电力看外贸"等内容,简洁易追溯,科学、动态且具可比性,有效支撑各地政府拉升经济的各项决策,从而助力全面提振经济社会发展。

可以看看宁波的一家外贸企业:

浙江宁波连通设备集团有限公司生产的产品远销美国、东南亚、中东等国家和地区。受新冠疫情影响,2020年以来订单数量明显下降,产量一度不足去年的40%。

"上个月连通设备集团的'电力消费指数'跌到了50以下,属于深'枯'了,很快我们就接到了市发改委的帮扶任务。"国网宁波供电公司市场营销部林森表示,指数50以下,已经可以认为该企业生产经营出现了困难,是重点帮扶对象。

包括电力在内，在政策范围内，最大限度为企业降低生产成本，便是实实在在的助企。除了落实降电价，供电公司还为企业检查用电装置，打造节能方案，提升能效水平，并介绍各类电力金融优惠措施，有效减轻企业负担，让企业轻装上阵。

从指数分析到应用，再到最终助力困难企业发展，正在形成一个闭环。

作品点评

围绕中心服务大局，把宣传工作做得更好

习近平总书记指出，"宣传思想工作一定要把围绕中心、服务大局作为基本职责，胸怀大局、把握大势、着眼大事，找准工作切入点和着力点"。《新观察：从电力消费指数看浙江》把握住了"后疫情"时代经济发展这个大局，将电力消费指数作为切入口，通过对社会经济运行的活跃度进行全面、深入、细致的观察，为读者展现了总体向好的经济发展态势。通过电力消费指数这个观察窗口，客观反映了社会经济整体发展状况，凝聚了社会共识，增强了民众对中国经济的信心，为政府相关决策提供了支持，真正做到了围绕中心、服务大局，将供电企业自身新闻宣传融入了党的宣传思想工作之中，并做出了供电企业的努力和贡献。

一、切入点巧：从电力消费指数看经济发展

切入点对于新闻宣传报道来说至关重要，一个好的切入点往往能起到"四两拨千斤"的效果，意味着成功了一半。该文便非常巧妙地将电力消费指数作为切入点，以电力消费指数之"小"，见社会经济发展之"大"。在具体关照电力行业发展现状的同时，又反映了宏观经济的大局。正如文章所言："电力是国民经济的'温度计'和'晴雨表'，电力需求的变化可折射出经济运行的活跃度。"

通过列举全省以及各行各业电力消费指数荣枯线的变化，一方面发挥了"小切口"具体的优势，增强了文章的可信度和说服力，另一方面也使读者能够直观地感受到宏观经济的总体发展态势。具体来讲，首先，文章通过数

据对比，展现了浙江经济总体上企稳向好的大局。"1至5月，浙江省累计指数为92.01，较1至4月累计指数89.90上升2.11。""5月经济运行延续4月稳中有进的发展态势，单月指数（100.03）高于去年平均水平，电力消费V型反弹企稳，恢复至荣枯线以上。"其次，文章通过分析介绍各地区、各产业、各行业的荣枯线情况，呼应整体经济企稳向好的判断。在地区方面，以舟山为例，指出"舟山累计指数（134.08）保持各地市之首，舟山1至5月电量同比增长92.30%"。在产业方面，对一、二、三产业进行介绍。"1至5月，全省三大产业累计指数分别为95.68、92.07、90.91，较1至4月的92.74、90.19、87.06，分别上升2.94、1.88、3.85，第二、三产业受疫情影响较为严重。在突如其来的疫情冲击下，浙江经济社会大局保持总体平稳，第三产业虽恢复较晚，但至5月，回升速度高于第一产业、第二产业"。在行业方面，则总结出"今年1至5月，累计指数最高的行业是信息传输、软件和信息技术服务业（111.89），最低的是住宿和餐饮业（76.06）"的现象。受疫情影响最深的餐饮行业"5月单月指数回复至92.28，增速居十一大行业前列"。

从电力消费指数看经济发展，文章找到了一个科学、巧妙的切入点。

二、大局观牢：服务以经济发展为中心的大局

始终坚持以经济建设为中心，这不仅是坚持党的基本路线一百年不动摇的根本要求，也是解决当代中国一切问题的根本要求。我国在党中央的正确领导下，成功控制了疫情，将疫情造成的损失降到了最低。然而，国民经济生产还是不可避免地受到了一定程度的影响。疫情过后，推动经济企稳复苏、稳就业、保市场主体，以经济建设为中心是党和国家工作的大局，是关乎亿万百姓民生的大事。

文章准确把握住了大局，以电力消费指数荣枯线为线索，展现了浙江全省以及各行各业的经济复苏情况，为政府决策提供了借鉴，服务了以经济建设为中心的大局。除浙江总体情况外，文章整理分析的荣枯线数据还包括：舟山、绍兴等地区的情况；一、二、三产业的情况；信息技术、餐饮、住宿、旅游行业的情况；以及重点行业，如制造业、外贸企业和防疫企业的情况。这些由国网浙江电力基于用电量及业务扩充报装变化情况所构建的荣枯线数据，不仅丰富、翔实，而且科学、可靠，在供电企业直接为经济发展大

局保供电的基础上,又通过自身的宣传努力贡献了激发活力的舆论力量。

三、使命感强:把党的宣传思想工作做得更好

当前,纵观国际国内各行各业,都在发生着剧烈的变化,一些甚至是激烈的矛盾和冲突,面临许多新的挑战和困难。《新观察:从电力消费指数看浙江》一文体现了"浙电e家"作为党领导下的国资企业创办的融媒体号,所彰显出来的强烈使命感。在经济发展因疫情而遭遇挫折的时候,"浙电e家"主动担责,在做好企业内宣的同时,进一步发挥融媒体全网传播的优势,结合浙江发展实际,依托国网浙江电力数据资源,整合了全省各行各业的电力消费指数,向社会展现了企稳向好的整体经济态势,为提振国民经济注入了一针强心剂,从而在服务以经济建设为中心的发展大局的过程中将党的宣传思想工作推向了新的高度。

6 | 在浙江，窥见"未来电网"*

用电量多寡常被用来衡量地方经济发展水平。作为中国经济最具活力的省份之一，浙江是名副其实的"用电大省"。然而在大多数时间，浙江电力的三分之一需要依靠外省输入。

"用电大省"并非"发电大省"，凸显出浙江用电的矛盾，从传统能源到新能源时代皆是如此。"七山一水两分田"的浙江，并不具备大规模发展集中式风光电站的自然禀赋。

不过，在"双碳"目标的驱动下，浙江依然有着雄心勃勃的新能源计划，正在实施"风光倍增"工程，计划到2025年全省光伏发电装机容量达到2 750万千瓦，分布式光伏装机比重超过50%。

不同于集中式光伏电站，分布式光伏位于用户侧，可能就在一家工厂的屋顶之上，传统意义上用电侧与发电侧的界限变得模糊。分布式电源正是新能源的发展趋势，但是这也会给电网带来挑战。

"很多普通人没有感受到电力系统面临的困境，认为家中可以点亮电灯、使用电器，就不存在问题。其实电力系统近年正经历非常痛苦的转型过程，夏、冬两季迎峰度夏、迎峰度冬压力巨大。"有浙江电网人士这样向《中国新闻周刊》记者感慨，浙江电网正面临外来电占比较高与新能源大规模并网的双重挑战，电网需要被"重塑"。

如何迎接新能源，这不仅是浙江电网所面临的挑战，也是中央在2021年提出构建新型电力系统要解决的问题。2021年年中，国家电网发布《构建以新能源为主体的新型电力系统行动方案（2021—2030年）》，选取三省三区

---

* 本文为陈惟杉发表于《中国新闻周刊》，发布时间为2022-12-27，略作改动。

"推进新型电力系统示范区建设","三省"便包括浙江、青海、福建。

相比于传统清洁能源大省青海和核电、风电大省福建,"用电大省"浙江该如何发掘分散的新能源潜力,并且在外来电与新能源双重不确定性之下保证电网的平稳运行?浙江电网希望能够给出问题的答案。

分布式光伏"星火燎原"

2022年9月中旬,国网宁波市北仑区供电公司党委书记高颂九对即将过境的台风有些担忧。9月14日晚,今年第12号台风"梅花"在浙江登陆,它是近50年以来影响宁波北仑最为强劲的台风之一。

让高颂九担心的是北仑区众多屋顶光伏能否安然度过极端天气,幸好最终它们都经受住了台风的考验。

近两年,屋顶光伏在北仑区迅速扩张。谭智是浙电(宁波北仑)智慧能源服务有限公司的负责人,这家国有合资企业主营业务包括清洁能源、智慧用能等。他告诉《中国新闻周刊》,2021年以来,分布式光伏装机明显提速,"北仑区年度新增目标在65兆瓦左右。截至10月初,今年的目标已经达成"。

"业内一般认为适于发展分布式光伏的'优质屋顶'具备几个条件:一是屋顶产权清晰,二是水泥屋顶优于彩钢瓦屋顶,三是屋顶不被遮挡,此外还要考虑企业有足够的消纳能力。"谭智坦言,其实今年北仑区剩下的"优质屋顶"已是凤毛麟角。

位于北仑区的众多工业企业是安装分布式光伏最为积极的用户。北仑区共有15个工业社区,灵峰工业社区是其中之一,78家企业中已有29家安装了屋顶光伏,总装机量34兆瓦。"社区已经对企业情况进行摸排,屋顶适合安装光伏的企业基本均已安装,如今峰谷电价差较大,投资六七年就可以回本。"灵峰工业社区党群服务中心负责人告诉《中国新闻周刊》。

旭升汽车技术股份有限公司位于灵峰工业社区,旗下9座工厂中已有4座工厂建成投产分布式光伏,还有1座工厂正在安装。目前光伏发电量占企业用电总量约5%,未来两年可能达到10%。达成这一目标,意味在光照充足时段,企业用电量一半来自光伏。高颂九告诉记者,这其实也是灵峰工业社区的目标,即用电高峰时段,用电量一半来自企业分布式光伏,一半来自大电网。灵峰工业社区一年的用电量为5亿千瓦时，其中包括不少"用能大户"，社区建设园区级新型电力系统的主攻方向就是绿色转型。

为了满足欧美市场对于绿电使用的要求，灵峰工业社区的工业企业对绿电的需求可谓刚性。2020年年底，全国第一笔点对点绿电交易便在北仑区促成，服饰企业申洲集团为了在欧美市场争取更多出口配额，自建屋顶光伏仍不能满足其绿电需求，便向中营风能购买1 700万千瓦时风电。2021年，浙江绿电交易量3亿千瓦时，其中宁波交易5 000万千瓦时。

工业企业密布的北仑区是浙江的缩影，分布式光伏装机正在浙江，特别是其中的工业园区迅速增长。浙江正在实施"风光倍增"工程，"十四五"期间，全省新增海上风电、光伏装机数量翻一番，增量确保达到1 700万千瓦。其中新增光伏装机1 245万千瓦以上，力争达到1 500万千瓦。

"尖山新区用电有三个特征：一是负荷密度高，二是新能源渗透率比较高，众多工厂原本闲置的屋顶都被用来发展分布式光伏，三是高精尖企业对电能质量要求高。这是未来一些工业园区用电的共性特征。"国网海宁市供电公司党委书记肖龙海告诉《中国新闻周刊》。

尖山新区是嘉兴市海宁市下辖的工业园区，站在园区制高点可以看到厂房屋顶密布的太阳能电池板，以及位于江边滩涂的风机。

肖龙海告诉记者，海宁市政府成立了光伏专班，规划"十四五"期间将闲置屋顶"应装尽装"，装机量达到180万千瓦。"此前有学者推算，达成'双碳'目标，中国光伏或其他新能源装机量需达到人均1千瓦。按照户籍人口计算，海宁市今年已经达到人均1.11千瓦，尖山新区更是达到9.87千瓦，是浙江人均水平的40多倍。"

目前海宁光伏装机量为79万千瓦，年发电量约为6.5亿千瓦时，约占全市用电量5%~6%，未来的目标是达到三分之一，而尖山新区已经达到这一目标。

光伏装机量的迅速提升，显然与"双碳"目标的提出密不可分。国网浙江电力发展部副主任孙可告诉《中国新闻周刊》，实现"双碳"目标，本质是改变人类对化石能源的高度依赖。无论是全球，还是全国，化石能源仍占比85%左右。扭转人类100多年来形成的能源使用习惯并不容易，路径和手段便是推动新能源利用。煤炭、石油等传统能源通过燃烧也可以被利用，而风、光必须转化为电能才能被人类利用,电作为媒介的意义不言而喻。

但伴随风、光等新能源装机量提升,电网正面临从未有过的挑战。

新能源+"大受端",浙江电网挑战几何?

浙江电网是典型的"大受端"电网,外来电占比达三分之一,负荷高峰期外来电力超过3 000万千瓦,低谷时也有1 000万千瓦。

省内最大电力来源仍是煤电机组,统调煤电机组加上分散于各地的"小火电",总装机规模约4 800万千瓦。天然气机组、核电、水电的装机量分别约为1 265万千瓦、280万千瓦、600万千瓦。

除此之外便是以光伏为主的新能源,天气状况良好时,光伏每日出力可以达到1 100万~1 200万千瓦。风电更加不稳定,每日出力在四五十万千瓦到两三百万千瓦之间波动。

相比于传统的火电、核电、水电机组,风、光等新能源更加"不可控"。"对于电力系统这样的复杂系统,只有'可控'才能较好管理其经济性、安全性,而且电力系统还需要实时平衡,即'发多少用多少'。新能源电源带来的最大挑战便是'靠天吃饭'。"孙可说。

对于"靠天吃饭"的新能源出力预判至关重要。浙江电网调度员楼贤嗣告诉记者,以光伏为例,每一天,都会对光伏曲线进行预测,再以此确定火电机组的开机方式。浙江原则上光电、风电发出多少,便上网多少,不会弃光、弃风。

因此火电机组是否开机、开机时段、负荷率等都要根据对新能源出力的预测确定,煤电机组开机后的负荷率会在40%至100%间调整。一旦光伏实际出力与预测偏差较大,就需要火电机组紧急补位,否则只能购买外来电,但是如果遇到极端情况,购电也会比较困难。

但对于光伏出力的预测并不容易。国网浙江电力调度控制中心自动化处处长钱建国告诉《中国新闻周刊》,一朵云是否出现,在什么时间出现,都会影响光伏出力。"如果一朵云在光伏出力还在爬坡阶段的八九点出现,影响有限。但是如果在中午这样的出力高峰时段出现,则影响较大。每日光伏出力的峰值可以达到1 300万千瓦,但是如果赶上下雨天,又可以低至一两百万千瓦。"

在以光伏为代表的新能源出力峰谷差异如此之大的情况下，电网正面临双重考验：一方面是如何在不弃光不弃风的情况下解决消纳问题；另一方面是风光机组无法做到按需发电，如何在无风无光时保证用户用电需求。

在特定时段，浙江新能源消纳已经面临一定压力。比如春节前后，负荷较小，遇到光伏出力较多的时段，可能需要将煤电机组降至技术出力下限之下，甚至被迫停机，但是煤电机组在出力下限之下的可调空间十分有限。而在同一天夜间，伴随光伏出力减少，煤电机组的负荷率又需要提升至90%以上。

"北仑区既是能源消耗大户，也是发电大户。因为毗邻港口，煤炭运输便利，北仑电厂一度是全国最大火力发电厂。但随着更多分布式光伏并网，如何平衡传统发电方式与新能源利用之间的关系，这对电网系统调节能力的提升带来更大考验。"高颂九告诉记者。

即使在夏季，光伏每日发电的时长也不足8小时，而其中真正高效的时长约为4小时。每天16点之后光伏出力会明显下降，但是傍晚居民用电负荷又会上升，由此带来的负荷缺口如何迅速填补？钱建国认为，面对新能源"靠天吃饭"带给电源侧的不确定性，"当下仍需火电机组'保底'，目前，浙江正在对火电机组进行灵活性改造"。

除去新能源电源带来的不确定性，浙江作为"大受端"电网，外来电可调节幅度较小，遇到2022年夏季这样的极端天气时不确定性较大。显然，2 000公里外的四川水电，难以完全配合浙江需求供给。

"传统电力系统中唯一不可控的因素是负荷，不可能提前获知用户用电时间、用电量。如今发电侧也变得越来越不可控。而当不可控的新能源电源越来越多，电力系统需要适应这样的不确定性，完成整个系统的平衡。"孙可认为，这正是新型电力系统要解决的最为关键的问题。

火电机组的灵活性改造，是增加源、网、荷、储四侧中电源侧的可调节能力。增强四侧的可调节性，这是2020年国网浙江电力提出建设"多元融合高弹性电网"的目标，这也是建设新型电力系统的目标之一。如今更强调"数字化牵引"的作用，其中就包括通过数字化手段对"不可控"的负荷进行需求侧管理。

重新认识"电网数字化"

2022年"十一"假期前后，浙江迎来几日凉爽的天气。但是钱建国告诉记者，电力供需依旧紧张。"今年夏季面临极端高温，浙江单日最高负荷曾达到1.1亿千瓦，9月末单日最高负荷虽然降至7 000余万千瓦左右，但是夏季火电机组长时间在45℃高温的环境下接近满负荷运行，需要检修，为迎峰度冬做准备，因此供电能力有阶段性下降。"

极端高温天气，叠加四川因旱情外送水电减少，2022年夏季浙江用电"调峰"压力显而易见。

杭州市萧山区是工业重镇，高能耗企业占比较高，可被视为"负荷大省"浙江的缩影。2022年夏季有序用电形势最严峻时，单日瞬时最高压降负荷达到119万千瓦，占据杭州整体压降额度的一半，但日常萧山负荷仅占杭州21%。"在今夏19天有序用电时段，有3天曾进行如此幅度的降负荷，需要全区4 700余家企业参与。"国网杭州市萧山区供电公司执行董事、党委书记徐巍峰告诉《中国新闻周刊》。

有序用电时段，企业会被分为ABCD四类，效益较好的A类企业用电需求需要保证。反之，D类企业属于高耗能企业，需要更大幅度地降低用电需求。

国网浙江电力相关负责人告诉记者，调峰时，电网更多关注工业企业的可调节负荷，比如1 000家工厂在特定时段均降低一定负荷，就能极大缓解电网尖峰时刻的压力。压降负荷的指标一般逐层分解，从省级层面一直分解到县级。

长久以来，调峰时压降工业企业负荷主要靠基层工作人员提前电话或上门沟通，依据经验向不同企业分摊任务。这位负责人解释说："比如针对一家化工厂，需要提前一天沟通，'在明天中午负荷压力较大时能否关停一小时？'待到第二天需要关停时再确认。人工投入很大，沟通成本很高，而且成功率可能只有一半。"

有地市供电公司人士告诉记者："我们不能对企业简单直接进行拉闸限电，向企业下发调峰通知单时也需要'有理有据'，企业会发出'为什么别人能用电而我却不能用'的疑问,这其实对调峰方案的精准度提出了很高的要求。"

国网浙江电力数字化工作部副主任陈利跃告诉记者,数字化手段的使用便是希望通过一个"大脑"实现"一键响应",即按下一个按钮就可以形成压降负荷的最优方案。

实现这样的构想,基于前期对工业企业的信息收集,比如掌握某家工厂在下午一点左右并非生产高峰期,通过这样的筛选可以将沟通的成功率大大提高。

因此电力系统的数字化,不只是将原先线下的工作转移至线上,还包括对电力系统源网荷储各环节的深度感知、精准预测和闭环控制。"从常规发电机组、新能源电站,到输电网和配电网,再到工业企业、充电桩和储能设施都需要不断提升监测能力,并结合预测结果进行闭环控制,实现电力系统的动态优化平衡。"陈利跃告诉记者,浙江电网已经具备较强的感知能力,通过最小的代价精准采集更多信息。"未来会在工业企业加装更多采集数据的终端,甚至通过与企业签订协议达成调峰时远程控制的效果。"

"目前针对工业企业的需求侧响应,已经精确到生产车间的不同设备上。此前我们走访企业,与企业沟通生产环节中可以'秒停'的设备,比如电焊、切割等生产环节。"徐巍峰告诉记者,"目前萧山2 500家规上工业企业已经接入实时监测系统。"

高颂九则告诉记者,会将企业的用电需求划分为几类,其中就包括"可调负荷",即企业在不影响正常生产的情况下可以压降的部分负荷,空调负荷便属于此列。社区内已经有70家企业安装了空调负荷监测设备,容量约为7 500千瓦,其中1 500千瓦可以作为"蓄水池"参与调峰。

除了工业企业的生产用电需求,空调负荷是目前浙江需求侧响应关注的另一个重点。

徐巍峰表示,2022年夏天有序用电时段,萧山区每日空调负荷130万千瓦,占比30%以上。如果空调负荷能够通过温度控制、开关时段调整参与需求侧响应,可以在相当程度压缩部分用电需求。比如商场中空调温度调高一度,顾客可能并没有感受。再比如企业的空调可以在用电低谷时段自动开启,而在用电高峰时段主动调高温度、降低负荷。

"这不仅意味着节能,对于电网调节也至关重要。"钱建国告诉记者,优化空调负荷可以在相当程度上缓解省内尖峰时刻的用电困难。这样的优化需要通过数字化手段实现,比如精准掌握空调温度上调一度可以压低的负荷数据,摸清"蓄水池"的容量可以更好地调峰。

"数字化牵引新型电力系统,体现在需求侧管理,可以将其理解为将实体对象在数字世界再现,利用数字孪生和人工智能进行建模和计算,再反馈到实体电网。"钱建国说,数字化手段可以对现有要素进行优化组合,"相比于一座抽水蓄能电站可能高达数十亿元的投入,数字化手段仅需投入数千万元,依然能达到相同的调峰效果"。

浙江探路让电网更智慧

利用数字化手段构建需求侧响应的能力,在孙可看来,这使得原本不可控的需求变得更加有序,从而使得用户也更好地参与调峰。"建设新型电力系统需要在源、网、荷、储四侧寻找更多可调节的能力和资源,而很多都是此前被忽视的能力和资源。"

国网丽水市供电公司相关负责人向《中国新闻周刊》举例说,在丽水,80%的水电站是没有库容的径流电站,但通常其水系上游都有一座或几座拥有较好库容调节能力的水电站。当库容电站开机时,下游的径流电站也能用这座电站发电下泄的水流进行发电,每一立方米的水的动能在同流域的多个水电站得到了充分的利用。

过去流域调度无法精确掌握每座电站的发、送电时点,如今通过将一条流域的水电站建模,精准掌握电站间的来水关系、发电时间差和不同机组的水能转化效率,通过精密的计算让流域水电群的发电出力可以在需要的时点以最快的速度或最大的效率达到电网调度的目标,使得其在调峰时对大电网的支持效率达到最高。

当然,在源、网、荷、储四侧中,储能是最为直观的用于调节的资源和能力。从电网的角度来看,更重要的是将用户侧储能统筹。

"我们鼓励用户侧投建储能,目前谷电价格每度只有两毛钱,而高峰时电价每度可达七八毛钱,峰谷电价差足以确保储能收益。只要储能'谷充峰放'，就是在帮助大电网进行调节。"肖龙海说。同时，企业配套分布式光伏自建的储能也要为电网调节所用，电网平稳运行时储能可以自主运行。一旦面临电力供应缺口，储能运行不能各行其是，而是需要服务于电网调节。

用户侧的储能设施也能服务于电网调节，这预示着在新型电力系统中发电与用电的界限更加模糊。在传统的电力系统中，发电、用电界限清晰，但是如今两者的边界越来越模糊，原本属于用电的负荷侧可能因为加装了分布式光伏同时成为电源侧，源网荷储一体化的趋势愈发明显。在浙江"十四五"期间打造的100个新型电力系统试点项目中，"源网荷储一体化"项目达到65个。

其实在负荷侧，可以挖掘的资源还有很多。肖龙海向记者举例说，比如充电桩，原本属于负荷侧，但目前正在推动V2G模式，即新能源车可以通过充电桩向电网返送电力。"傍晚下班后，一般会有大量新能源车处于充电状态，此时恰是一天中负荷的又一个高峰。此时如果电网面临供应缺口，充电桩可以从充电状态转为放电状态，新能源车相当于移动的储能装置，可以通过价格机制引导其在此时放电，赚取差价。"

伴随源网荷储一体化，被改变的还有配电网的角色。相比于传统电力系统集中发电，再由不同层级电网输送的模式，分布式新能源发电就地、就近消纳是未来的趋势。

"目前丽水白天通常是受端电网，午间水光大发时段或汛期晚间负荷低谷时则有外送能力。未来希望本地新能源能更多在本地消纳，否则区域电网一天内可能既需要从省网买入大量电能，在负荷低谷时段又要大幅倒送电能，一进一出会产生相当大的电能损失。"国网丽水供电公司负责人告诉记者。

"未来配电网将逐渐成为一个'自治'单元，正常情况下自主运行，遇到无法解决的问题再向大电网寻求帮助。比如配电网中光伏出力不足，面临电力供应缺口，就需要大电网送电。反之，如果大电网需要调峰，配电网也可以充分挖掘自身资源协助大电网。"肖龙海表示。未来配电网与大电网之间的关系应该是"自己的问题自己解决，尽量不给大电网惹麻烦"。

"不同规模新能源电站接入的电压等级不同，如果较小，就接入配电网，如果较大，就接入主电网。对于接入主电网的新能源电站，更像将一块石头扔进大海，不会产生影响。但对于接入配电网的新能源电站来讲，就像将一块石头扔进水盆，必然激起更大的波澜，面临较大的消纳压力。一些配电网的管理方式要因此转变。"孙可解释说。

而一家处于配电网末端的工厂也可以自己组成"微电网"。"如果某个区域分布式光伏装机量较大，公用电网承接有困难，加之用户用电量较大、对价格较为敏感，就可以组成一个微电网，即微型小电网。公用电网与内部的分布式光伏共同构成它的电源，当内部电源不足时就从公用电网购电，反之也可以向公用电网售电。"孙可表示。平衡是电力系统的第一原则，微电网也是如此，需要一套能量管理系统。"搭建微电网系统也需要成本，需要经济适用、技术可行，未来公用电网不可能'包打天下'，可能难以满足一些差异化需求，用户可以算账，是从公用电网购电更划算，还是搭建一套微电网的系统更划算。"

微电网可以由一家工厂，一个工业园区，或是一座商业综合体组成。比如一家企业对电能需求较高，且占比成本较高，建设微电网便更有动力。

孙可告诉记者，目前浙江已经出现微电网，但是数量不多，未来要做好微电网和公共电网联合运行的准备。

在萧山区，"千瓦可控的园区"和"度电可调的社区"两大区块正在建设中，其中在桥南区块，供电公司正在建设全域能量管控平台，将数个微电网连接起来成为微电网群，加装一套控制平台。一方面未来可以在微电网群中探索分布式发电交易模式，另一方面汇聚微电网群中的源网荷储资源，更好地参与电网调节。一旦大电网有所需求，不需要控制微电网群中的每个电源、负荷，而是向微电网群发出一个指令，至于其内部如何调节则属于"自治"范畴。

源、网、荷、储一体化，在孙可看来，网的作用最为重要。"电力系统可能是世界上最大的人工系统，不像生态系统那样可以自主调节。电力系统依靠'大脑'与'神经网络'调节，电网扮演的就是'大脑''神经网络'的角色，原来是用'可控'的电源满足'不可控'的负荷，现在需要调节供需，使其更好平衡，这无疑需要电网更加智慧。"

> 作品点评

发挥数字化牵引优势，浙电勇做"未来电网"的探路先锋

"双碳"背景下，国家正加大力度规划建设以大型风光电基地为基础、以清洁高效先进节能的煤电为支撑、以稳定安全可靠的特高压输变电线路为载体的新能源供给消纳体系。新能源的陆续投用实现了传统能源与新能源的优势互补，能源转型深入推进，也正倒逼现有电网组织结构向着数字化、智能化的方向不断演进。国网浙江省电力有限公司以探路先锋的角色，率先探索新型电力系统的建设路径，以能源互联网形态下多元融合高弹性电网为核心载体，持续提升电网调节能力，促进源网荷储互动升级，解决外来电和新能源这两个不确定性问题，加快国家电网新型电力系统省级示范区建设。

一、选题：直面痛点，破解矛盾

直击电力行业痛点。电力行业是国民经济的基础能源产业，对国民经济各产业的健康发展提供支撑。文中并未回避痛点与难点，而是直接指出了浙江电网面临的双重考验：一方面，"用电大省"并非"发电大省"的浙江电网是典型的"大受端"电网，外来电占比达三分之一，电力需求巨大但外来电可调节幅度较小；另一方面，以光伏为代表的分布式新能源出力峰谷差异巨大，风、光机组的电力生产存在极大的不确定性，其电力的消纳与用户实际需求的调节空间不足。

着力破解"三元矛盾"。构建新型电力系统、推动能源转型，归根结底要破解安全可靠、清洁低碳、经济高效的"三元矛盾"。新能源电源带来的最大挑战便是"靠天吃饭"，相比于传统的火电、核电、水电机组，风光等新能源更加"不可控"。本文以浙江省内光伏发电为例，通过宁波北仑、海宁尖山新区等工业用电实际情况，将平衡传统发电方式与新能源利用之间的关系所引发的"三元矛盾"透彻、生动地缓缓展开。

二、内容：聚焦主题，层层展开

紧扣浙江未来电网建设。本文通篇紧紧围绕"浙江未来电网"的建设，以"用电大省"浙江如何发掘分散的新能源潜力，并在外来电与新能源双重不确定性之下如何保证电网的平稳运行为主线，深挖新旧能源供需调配矛盾，逐步引导、层层展开，并清晰指出要打破瓶颈实现持续发展，"数字化"是未来电网建设的必由之路。

聚焦浙江能源转型。在"新能源＋'大受端'，浙江电网挑战几何？"一节中，清晰描绘了浙江能源系统面临的挑战，以及正在发生的巨大转变：供给侧多元化离散化，需求侧有源化柔性化，能源互联方式需要转变；能源消费生态正在改变，能耗"双控"向碳排放"双控"转变，单一能源消费向综合能源利用转变，全社会用能方式需要转变；能源发展业态也正在改变，随着能源产业链各方和能源消费者的广泛互联，电网企业服务能源管理运行方式需要转变。

探路数字电网无限可能。2022年7月，国网浙江电力在承继持续打造高弹性电网的基础之上，提出"数字化牵引新型电力系统"，再次更新对新型电力系统省域建设的认知与实践。"数字化"已然成为国网浙江电力回答新型电力建设这道考题的新答案。"重新认识'电网数字化'"和"浙江探路让电网更智慧"两节，紧扣"电网数字化"这一要点，深入报道了浙江电力积极推动能源电力技术和数字技术的融合，以数字化牵引、撬动和支撑新型电力系统，利用数字技术、数字资源和数字治理手段，实现源网荷储资源、电-能-碳数据和行政、市场手段等跨时空全要素的统筹调控，从而破解电力调度困境，适应发展需要。未来，国网浙江电力将继续以探路者的姿态，以数字化、科学化、专业化的电力调节系统，支撑碳排双控，提高浙江全社会能效水平。

三、品牌：跃然纸上，深入人心

如何迎接新能源，这不仅是浙江电网所面临的挑战，也是中央在2021年提出构建新型电力系统要解决的问题。2021年年中，国家电网发布《构建以新能源为主体的新型电力系统行动方案（2021—2030年）》，选取三省三区

"推进新型电力系统示范区建设",其中便包括浙江。国网浙江电力通过推动自身数字化改革,构建电力数据的社会价值创造体系,持续释放数据价值,推动浙江省能效水平持续保持全国前列,能源资源配置水平明显提高,能效技术创新体系建设领先全国。在国网浙江电力"数字化牵引新型电力系统"的推动下,浙江在加码"数字能源底座"上已跑得更快更远,正逐渐成为全国能效创新引领的"重要窗口"。同时,文中还生动展现了国网浙江电力为打造新型电力系统省级示范区、加快实现"建立标准、建成标杆"的目标而攻坚克难、迎峰而上的昂扬姿态与奋斗精神。

  本文首发于《中国新闻周刊》,后获得环球网、网易新闻、腾讯网等具有较高影响力的媒体平台的转载,均获得了不错的反响。通过这篇深度报道,读者全面认识了一个"积极打造能源互联新形态、能源消费新生态、能源发展新业态,努力构建具有浙江辨识度的新型电力系统"的国网浙江电力,一个"努力推动多种能源资源最优配置、全社会综合能效最大化,打通内外各方壁垒,实现能源流、信息流和价值流的统一,构建能源发展新业态"的国网浙江电力。悄然间,勇于创新、迎难而上、积极履责、大国重器等企业特质已跃然纸上、深入人心。

7 今天,请看电网视界里的对称美[*]

对称

也许是中国人最喜欢的美

2021　1202

罕见的对称日

今天,我们一起领略电网视界里的

对称美

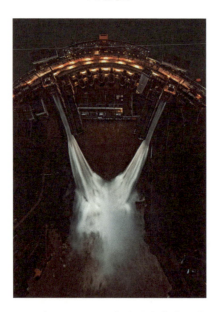

2021年5月24日,紧水滩水电站泄洪
(来源:王振摄影)

[*] 本文综合各单位供稿,发布于"浙电e家",发布时间为2021-12-02,略作改动。

二、创新解读篇

暮色中杭州富阳35千伏拔山线的某基铁塔
（来源：方旭峰摄影）

±800千伏宾金特高压直流输电线路
（来源：吴文涛摄影）

长龙山抽水蓄能电站500千伏送出工程走线

(来源：姚羽霞摄影)

电力工人在宁波鄞州区500千伏天晓线走线

(来源：王幕宾摄影)

二、创新解读篇 ◀◀◀◀◀◀

金华500千伏双龙变电站夜景

(来源：王平摄影)

位于湖州的全球首个220千伏分布式潮流控制器

(来源：刘东东摄影)

巡检机器人在嘉善西塘安平开闭所巡视

(来源:李超摄影)

国网临海市供电公司工作人员运送新线杆

(来源:孙志民摄影)

二、创新解读篇

供电公司员工为杭州古村老宅换表

（来源：方旭峰摄影）

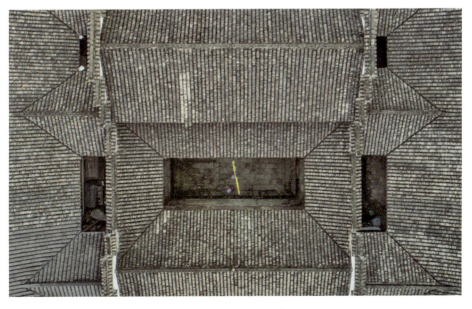

供电公司员工在杭州金萧支队纪念馆巡视

（来源：黄辉摄影）

供电公司员工在嘉善红菱村开展迎峰度夏专项检查

(来源:李超摄影)

嘉兴平湖,供电公司员工走在秋收的田间

(来源:陈怡摄影)

二、创新解读篇

临安石门山输电铁塔仰拍视角
(来源：王振摄影)

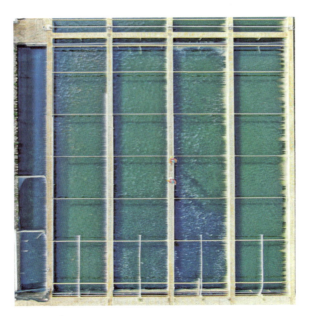

供电公司员工在大巨村利民渔业合作社检查用电设备
(来源：沈志远摄影)

电力工人在新昌县官元庙村附近开展带电作业

(来源:张小红摄影)

电力工人在温岭10千伏塘头线开展带电立杆作业

(来源:朱海伟摄影)

二、创新解读篇 ◀◀◀◀◀◀

电力工程车行驶在绿油油的田间

(来源：翟胜闻摄影)

电力抢修车行驶在华光潭大桥上
(来源：陈冬操摄影)

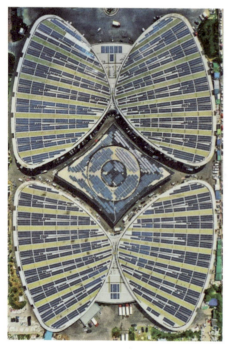

台州温岭松门水产品批发市场扇贝形屋顶光伏

(来源：吴鹏飞摄影)

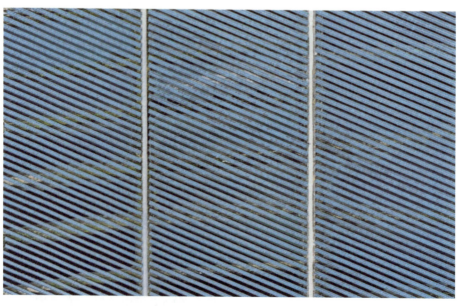

杭州舒能电力渔光互补光伏发电项目

(来源：丁豪摄影)

二、创新解读篇

仙居一企业房顶的光伏板熠熠生辉
（来源：沈蒋蓓摄影）

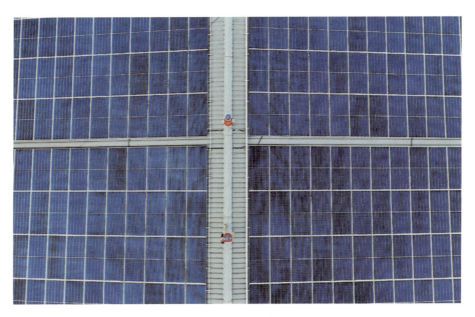

供电公司员工为温州平阳某企业检查屋顶光伏
（来源：丁晨摄影）

供电公司员工验收屋顶光伏项目

（来源：陈大农摄影）

供电公司员工在江山上余镇的渔光互补光伏电站巡视

（来源：卢奇正摄影）

二、创新解读篇

供电公司员工在横店影视城光伏屋顶巡视设备
（来源：杨学君摄影）

作品点评

发现美在平常，记录奋斗在路上

在罕见的"世界完全对称日"这一天，作为大国央企的融媒体平台，如何进行节庆传播，如何结合行业自身的特殊性并充分契合节日主题，从而打造出现象级的融媒体作品？本作品无疑交出了一份漂亮的命题作文答卷。

一、以新闻敏感紧抓热点，以更高站位升华主题

2021年12月2日，是神奇的"世界完全对称日"，这一天的公历纪年日期中数字左右完全对称——2021 1202。"对称"，成为当天热度最高的话题。无论中央媒体还是地方媒体，无论政务平台还是个人自媒体，纷纷提早策划如何以最好的视角展现"对称之美"。如何既高度契合当天的对称主题，又完美结合电网的行业特质，还能有效彰显国网浙江电力的企业形象，成为摆在融媒体中心面前的一道考题。

"功崇惟志，业广惟勤。"正如习近平总书记引用《尚书·周书》名言勉励大家"实现中国梦，创造全体人民更加美好的生活，任重而道远，需要我们每一个人继续付出辛勤劳动和艰苦努力"。人世间的一切成就、一切幸福都源于劳动和创造，善于在劳动和创造中发现美、欣赏美，就能在平常生活中咂摸出幸福的滋味；而记录劳动之美、记录创造的过程便是记录一个个奋斗者砥砺前行、拼搏向前的身影，既是对散落于琐碎日常之美的收集，也是对推进伟大事业进程中点滴进益的纪实。

融媒体中心以强烈的责任使命感与深切的社会关怀，确立了"发现美在平常，就是要发现一线工作者之美、劳动本质之美、人与自然和谐之美、为人民服务之美、共享发展成果之美"的主题，将目光对准了看似庸常的一线工作场景，精心选择了来自各地市公司的26幅主题明确、构图出色、色彩抓人、质量上乘的浙江电网"对称之美"的摄影作品，展现出国网浙江电力高标站位，胸怀"国之大者"，始终把握绿色低碳、科技智能、服务人民的方向，扎实推进新型电力系统建设工作的生动形象，交出了一份出色的答卷。

二、以纪实作为入选标准，以奋斗展现美好未来

记录"奋斗在路上"，就是要记录每一个坚守岗位、脚踏实地、吃苦担当的普通劳动者的奋斗模样。正是每一个怀抱梦想又脚踏实地，敢想敢为又善作善成的电网人对理想信念的执着坚守、对远大征程的奋发向前，方能推动电网高质量发展，促进能源清洁低碳转型，服务人民美好生活，让青春在全面建设社会主义现代化国家的火热实践中绽放绚丽之花。因此，多角度纪

实，成为本作品选择图片素材的重要标准。

这26幅电网一线的纪实摄影作品中，既有展示国网浙江电力争当能源清洁低碳转型的推动者、先行者、引领者形象的水电站泄洪、屋顶光伏、滩涂光伏等工作成效，又有体现其积极推进科技创新、应用数字技术的包括巡检机器人、全球首个分布式潮流控制器在内的智能化成果；既有如电塔走线融于山林之间的和谐生态画面，反映出公司秉持绿色发展理念建设环境友好电网的兢兢业业，又有电力工人带电高空作业、行走在田野鱼塘之中的真实工作场景，描绘着电网人服务乡村振兴、服务人民美好生活的拳拳真心。

大到公司服务国家战略、契合发展理念的工程建设成果展示，小到员工恪尽职守发光发热、刻画朴素生活中的平凡美丽，一幅幅生动写实的美丽图片背后，记录的是电网人在新征程赶考之路上始终如一的踔厉奋发、砥砺奋进的奋斗者姿态与劳动最光荣、劳动最崇高、劳动最伟大、劳动最美丽的坚定信念，蕴藏的是劳动创造了中华民族，造就了中华民族的辉煌历史，也必将创造出中华民族的光明未来的强大信心。

在审美价值之外，作品在图片排布和注释上的巧思也有助于受众读懂作者的言外之意，增加对国家电网公司及电网员工的好感度。无人物入镜的图片在先，宣传意图不刻意不莽撞，以景诱人继续阅读。有人物入镜的图片在后，人景交融不忘"对称"主题，不用人物特写防止产生"间离效果"。相似主题聚类排布，相似配色图片相邻放置，同类型信息的多频次接触将电网独有之"美"深植于受众的潜意识。图题简介有力不失重点，地点信息是荣耀属于国网浙江公司的必要凸显，时间、事件因需点出，使每张图片都是构成描摹国网浙江电力全时段、全空间、全心力投入建设具有中国特色国际领先的能源互联网企业的示范窗口这一图景的不可或缺的必要元素。

三、以共情激发受众参与，以福利放大传播效果

人世间的美好梦想，只有通过诚实劳动才能实现；发展中的各种难题，只有通过诚实劳动才能破解；生命里的一切辉煌，只有通过诚实劳动才能铸就。纵览全篇不难发现，真正为受众所动容的，正是蕴含平凡之美的日常里普通人的奋进模样。本作品获得了10万+阅读量，点赞数与在看数均为5 000+，近百条评论且内容与主题高度相关。爆款的打造可遇而不可求，但

无论是常规素材的定期收集、整理与储备,还是用户关系的精心运营、维护、提升,都应注重厚积薄发、功在平常。

作为一篇在新媒体平台发布的作品,其注重趣味性与互动性的传播策略可圈可点。一方面,将互动环节的有效激励置于一定的参与门槛之上。标题注明"福利"、文末说明"福利",但真正获得"福利"需要趣味参与,而真正参与了的受众又会有动力转发传播以使自己的二次创作为人所知,故而传播效力大为提升。另一方面,传播节点设置合理,留足传播空间和互动时限。作品发布选择傍晚,互动截至六天后正午,为参与二次创作、转发传播扩散都预留了缓冲时间。

铁塔屹立银线纵横,电流涌动大江南北,创新成果日新月异,数字技术融合应用,汇聚成一幅波澜壮阔的电网发展画卷。一代又一代电网人始终牢记责任在肩、使命在前,不断为美好生活充电,为美丽中国赋能。敢于拼搏担当、热爱工作生活的他们本就是构成电网发展画卷与美丽中国蓝图不可或缺的一部分。在平常生活中发现他们的美好、在赶考新征程上记录他们的奋斗,这一工作没有终点,永远在路上。

8 短视频：别怕，我就轻轻拍一下*

---

* 本文为国家电网公司发布于"bilibili"，发布时间为2021-06-02。

（原作品请扫描二维码观看）

作品点评

以诙谐幽默的方式实现严肃内容的正向宣传

2021年，国网福建省电力有限公司为"安全生产月"短视频征集活动推荐了宣教短视频作品《别怕，我就轻轻拍一下》。同年6月5日，该视频在中国安全生产报社的官方公众号"中国应急管理"发布播出。该视频时长仅有1分34秒，风格诙谐、幽默，视频以公众最喜闻乐见的方式将安全这个严肃话题生动地展现出来，发人深省，令人印象深刻。

一、真人出演，三段剧情宣传安全三宝

该短视频的时长和制作风格类似于公益微广告，相比于传统的公益广告视频，微广告视频不仅短小精悍，而且更富有戏剧性和趣味性。1分34秒的时长整合了三段剧情：第一段剧情旨在提醒电力工作者系好高空作业安全带，视频用病房中缠满绷带的病人来警醒不系安全带的重大后果；第二段剧情旨在提醒电力工作者遵守电力安全生产规则，在涉电工作中要挂好地线以免发生事故；第三段剧情旨在提醒电力工作者要戴好安全帽。

三段剧情看似相互独立，但安全带、挂地线、安全帽却是电力工作中的"安全三宝"，三段独立剧情顺序播放，形成有机整体，共同提醒电力工作者要重视安全问题，遵守安全规则。视频的三段剧情均由真实电力人出演，在第一段和第三段剧情呈现主旨的部分，演出人员皮肤黝黑、身着电力工作服、头戴安全帽，是典型的电力工作者形象；三段视频非主旨表达部分，则根据剧情由其他演员或器物进行呈现。相对于演艺明星，普通电力工作者的人物形象更加具有亲和力，更容易引起目标公众的共鸣，因而也更容易取得良好的传播效果。

二、反转剧情，在创意叙事中引人深思

该视频创作的突出特征是在有限的时长内，创造最大限度的剧情反转、感知冲突和出人意料，让初始看似普通的叙事线索突然变得跌宕起伏，让观

众的感知瞬间被颠覆，引发他们进一步思考其中的现象与含义。视频中的三段剧情分别都出现了一次重大反转。

第一段剧情中，一开始出现了漆黑背景中的热带黑人男子和暴风雪背景中的寒带白人女子，这让观众误以为这是有关地理或气象方面的科普视频。然而场景突然转到了医院病房中，出现了满身绷带、面部都无法看清的病人，旁边电力工作者形象的男子笑呵呵地拍了他，似乎让他更加痛苦，而后在呈现的主题词以及画外音的解说下，观众忽然发现这指涉的是电力工作中的安全带。

第二段剧情中，在一个虚幻空灵的CG场景中呈现出正在登上台阶、走向新门的男子，这似乎隐喻节节高升、前途似锦，而后又出现了豪宅内的一家人，表现出生活美满、富裕的景象，再往后场景突然转到一个骨灰盒，以及充满戏谑意味的简笔画人像。在主题词和画外音的解说下，观众突然意识到这是指涉电力工作过程中的挂地线。

第三段剧情中，视频一开始的摆球装置与倒着吊起来的几位电力工作者虽然有相似之处，但让人有些莫名其状，然而突然，一群幕后工作人员进入了拍摄场景，在其中两位电力工作者痛苦的哀求中，观众终于可以领会到这是指涉电力工作过程中的安全帽。回味一下摆球装置，其隐喻摆球即将落下、生命即将终结的意义也自然表现出来。

三段剧情都采用了铺垫、反转、主旨解读的叙事结构，悬念与突变环环相扣，虽然出人意料，但也在情理之中。

三、笑料频出，幽默文案直指宣传主题

该视频的文案也极具创意，其诙谐、幽默的风格与当下社交媒体上戏谑、调侃、段子等言语风格有异曲同工之妙。不过，其文案并非为搞笑而创意，而是在笑料频出的行文中直接体现宣传主题。

第一段剧情中，对仗、押韵、诙谐的"不系安全带，病房缠绷带"读起来朗朗上口，宣传的主题也自然表现出来；第二段剧情中，"不挂地线，突然来电，下辈子见"通过电光特效字体以对联和横批的位置呈现在骨灰盒的左右两侧与上方，令人忍俊不禁的同时，也让人警醒；第三段剧情中，"求求你们了，为了提醒你们遵守安规，我们拍得好累啊"，虽是出自被倒着吊

起的电力工作者之口,但幕后工作人员的入镜,使这个场景和这些话语让人感觉啼笑皆非,但也更加能够警醒人们重视电力作业安全问题。

  仅有1分34秒的短视频,爆梗频出,笑料不断,在突出宣传电力安规的同时,也体现出电力企业重视安全问题,积极承担安全监督责任的良好形象。

三、英模人物篇

习近平总书记指出:"伟大出自平凡,英雄来自人民。""英模人物"既是对许许多多扎根一线的基层工作者的最高褒奖和最美赞誉,更是对全面建设社会主义现代化国家新征程中千千万万奋斗者的鞭策和激励。一大批电力英模正吹响着号角,激荡着中华民族的奋进征程!本篇以"人"为核,关注群众身边勤劳奉献的电网榜样,聚焦基层员工中涌现的先进典型,记录普通电网员工的感人故事,走进英模人物的日常生活,展现"人民电业为人民"的电网英模群体形象。

1 | 这笔党费，我怕我等不及亲手交上去*

"李宝金同志，收到你上交的特殊党费伍万零壹佰圆整……"

2021年2月8日下午，在91岁的离休老党员李宝金病床前，孙女李田将国网台州供电公司党委送来的感谢信一字一句念给爷爷听。当听到"老兵过得好，我们才能心安"时，李宝金的眼眶湿润了。

这是一封凝聚了殷殷嘱托的"感谢信"。1月19日，国家电网浙江电力（台州）红船共产党员服务队前来探望卧病在床的李宝金。这位饱受慢性肺炎折磨常年卧病在床的老党员将一叠用红纸包裹的"特殊党费"，颤颤巍巍地交到服务队队员手中。

国网台州供电公司写给李宝金的"感谢信"

---

* 本文为台州公司屈依杨、张圆，仙居公司沈蒋蓓发布于"浙电e家"，发布时间为2021-02-09，略作改动。

"今年7月1日就是建党100周年了,我做梦都盼望那一天……这笔党费是我的心意,我本想等到那一天再郑重交上去,但是我年纪大了,我怕等不及,亲手把它交上去。"李宝金说道。

1930年出生的李宝金,18岁加入浙南游击队,同年加入中国共产党,参加过解放战争,曾担任正连级参谋。"当时,我们有三个人申请加入中国共产党,队长叫我们站岗,他们吓跑了,我不怕,所以只有我成为共产党员。"凭借过人的胆识,他在枪林弹雨的战场上九死一生,从未退缩,"每天10个人出门,回来就只有七八个,我亲眼看着战友倒下去……"提起往昔峥嵘岁月,老人家觉得仿佛就发生在昨天,"我的一切,都是党和国家给的,我要把一切都给党和国家。"

其实,早在2020年7月1日,李宝金就上交了一笔3 000元的特殊党费用作抗击新冠肺炎疫情。这次上交50 100元特殊党费,圆了他为建党百年献礼的心愿。2019年,李宝金身体已经很不好了,他拉着孙女的手悄悄说:

李宝金从军照

李宝金现照

"我攒了一笔两万多元的党费,如果我撑不到建党百年时,替我将这笔钱交给组织。"

他害怕自己看不到那一天,可是,他又是多么渴望等到那一刻的到来!

对肺炎病人来说,冬天是最艰难的,因为每一次呼吸都将无比吃力。这笔特殊党费,是他的心愿,也是他的精神支柱。

"庆祝伟大的中国共产党华诞一百周年!"在包裹党费的红纸上,李宝金郑重写下这行字。100元,是庆祝建党百年的意思,50 000元,是他所能拿出的最大数目了。

李宝金的党费证

对党、国家倾其所有的李宝金,对自己却极为苛刻。一件蓝色的旧衣服洗得泛白,布料已经发硬了,他穿了三十多年不肯扔;一年四季,他坚持不开空调、电风扇,连电视都很少看;头疼脑热,不到万不得已绝对不去医院。以李宝金的身份,看病吃药都有国家报销,他却总说自己不能浪费"医疗资源"。孙女李田最懂爷爷。1974年,李宝金退伍转业到仙居电厂。每天一大早背着包骑着自行车去山里一户一户抄电表数,几个馒头一壶水就是一天的伙食。"最开始住在宿舍楼里,爷爷家总是很昏暗,他总说电来得不容易,要'省'给更需要的人。"李田说。

当她长大后见识了大城市的璀璨灯火，才知道习惯生活在昏暗灯光里的爷爷，是自己成长路上那盏最亮的灯。

李宝金和李田（童年）合照

2014年，李宝金肺炎发作，呼吸困难，家人为他购买了氧气瓶。一罐100多块的氧气，李宝金用得很省，每天只吸一小时。为了让他安心使用，儿女们"哄骗"他氧气只要20多元一瓶。但李宝金也只用了一年多，就不肯再用了。"我懂，我知道爷爷勤俭惯了，他说自己老了，不要再'浪费'社会资源了。"李田说。如同一盏烛火，他要燃尽生命照亮他人。2013年，李宝金萌生了捐赠器官的念头，之后，在儿女陪同下签下捐献遗体志愿书。"我死后，剪下一缕头发和老伴合葬就好。"他对儿女们说。

"他为人考虑了一辈子，老了都要捐献遗体，可他吃了一辈子苦，从没为自己考虑过。"提及这些，李宝金家人泣不成声……

一个为党、为国家愿意奉献一生的人，一个不怕战争、不怕病痛、不惧生死的人，却害怕"浪费"社会资源。几十年来，国家发生了翻天覆地的变

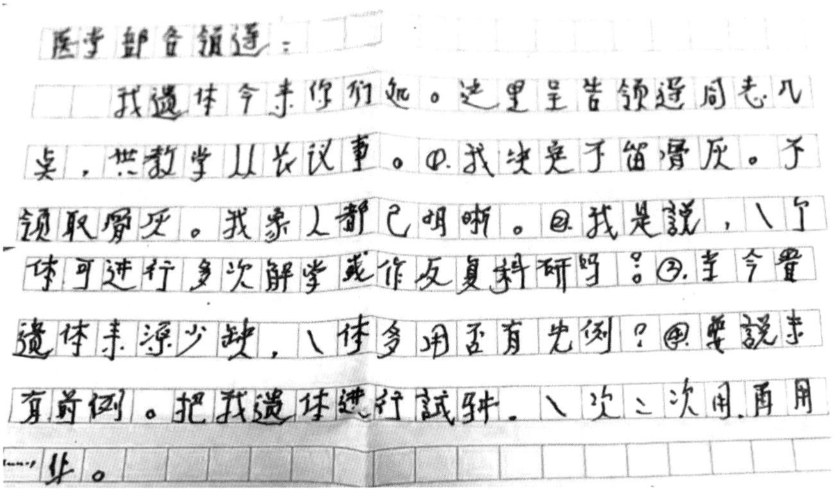
医学部各领導：
我遗体今来你们処。這里是告领導同志几点，供教学以长议事。①.我决定不留骨灰。不领取骨灰。我家人都已明晰。②我是說，人体可进行多次解剖或作反复科研吗？③.当今医学遗体来源少缺，人体多用于有先例？④要說未有前例。把我遗体进行試验。一次二次用再用一些。

李宝金的捐献遗体志愿书

化，但李宝金却一直保持着在那个战火纷飞、艰苦卓绝的年代里养成的习惯。

2月8日，国网台州供电公司党委的“心愿和嘱托”，传到老人手中：请别再苛待自己；我们接受你的特殊党费，感怀你的付出，也希望你照顾好自己。

作品点评

让人民成为“讲好党的故事”的真正主人

2016年，习近平在党的新闻舆论工作座谈会上勉励我们的新闻工作者，“要转作风改文风，俯下身、沉下心，察实情、说实话、动真情，努力推出有思想、有温度、有品质的作品”。《这笔党费，我怕我等不及亲手交上去》通过一笔特殊的党费，将个体的命运与党的历史巧妙融合在了一起，使得这篇报道不仅充满了“温度”，而且不乏思想的高度，是一篇真正“有品质”的新闻作品。

一、俯下身，用“人民的视角”发现党的历史

长期以来，我们的正面宣传报道一直面临着一个传播的困境，那就是

如何既要很好地服务于社会主流价值观，又能真正地走进民心，让读者"乐在其中"并"深得其味"。对此，总书记给出的答案就是，要"俯下身、沉下心"。建党百年之际，如何讲好党的历史故事，让党的历史变得真正"可感""可触"，对于我们的新闻工作者来说无疑是一个巨大挑战。对企业而言，如何抓住建党百年这一重大主题，选取企业自有典型和素材，以企业和员工这一微观视角，彰显建党百年这一宏大主题，既是机遇更是挑战。

文章抛弃了传统的宏大叙事，转而从企业的层级和"人民的视角"，发掘了"特殊党费"背后的"老兵"故事：91岁的离休老党员李宝全，一罐100多块的氧气，每天只需要吸一小时，都舍不得使用，却赶在建党百年前夕，将一叠用红纸包裹的"特殊党费"，合计50 100元，亲手交到"红船共产党员服务队"队员手中。"100元，是庆祝建党百年的意思，50 000元，是他所能拿出的最大数目了。"本篇报道巧妙地通过"100"和"50 000"两个数字，将普通个体的抉择和党的光辉历程紧紧联系在了一起。"50 100"这个特殊数据映现出来的，不仅是党员对党的血脉深情，更是中国共产党之所以历经百年依然保持旺盛活力的密码所在。文章之所以能够从一个不起眼的特殊数字，讲出了党史的"精神"所在，正是在于它的"俯下身"和"沉下心"。

二、动真情，用"人民的语言"讲好党的故事

有了一个好的新闻故事，还要用老百姓喜闻乐见的语言讲好它，才能让它真正发挥出"凝人心""聚共识"的独特功效。文章之所以能够从内心深处打动读者，并触及读者的思想深处，一个重要原因就在于它的"动真情"。这个"动真情"，不仅意味着新闻宣传人员在采访写作时，对我们的报道对象要饱含"真情"，对我们的"读者"同样也要付出真情。

就该篇报道来说，其"真情"之处主要表现在两个方面：其一，尽可能还原新闻故事的"生活"的面孔，突显主人公"人性"的光辉。李宝全的故事之所以打动人心，不仅在于他的数十年如一日的默默奉献，更在于他不经意间流露出来的温情和"私心"。譬如签下捐献遗体志愿书时嘱咐儿女，"我死后，剪下一缕头发和老伴合葬就好"。正是因为准确抓住了这些生活细节，才没让李宝全成为只停留在报道中的英雄，而是充满了生活的"烟火气"和

普通"人性"的魅力。其二，用"人民的语言"讲老百姓爱听的故事。本篇报道在文风上的一个重要特色，就是善于捕捉并发现生活语言的力量。譬如，"今年7月1日就是建党100周年了，我做梦都盼望那一天……这笔党费是我的心意，我本想等到那一天再郑重交上去，但是我年纪大了，我怕等不及，亲手把它交上去"。一句"我怕等不及"，既将李宝金对党百年诞辰的兴奋之情纤毫毕现地刻画了出来，又将李宝金想抓住一分一秒为党多做一点贡献的拳拳"爱党"之情描画了出来。

三、举旗帜，用"人民的声音"传播党的形象

身处历史的关键节点和社会的转型期，我们的新闻宣传和舆论引导工作，对于"凝心聚力、团结人民"来说，具有举足轻重的特殊意义。在重大的新闻事件和特殊的历史节点面前，我们的新闻宣传不仅要敢于亮旗帜，而且要学会如何用"人民的声音"传播党的形象。

面对"建党百年"这个重大的新闻议题，这篇报道不仅巧妙地从个体入手，让这个宏大的历史叙事，有了"情感"依托和"生活"基础，而且始终将"旗帜观"贯穿在报道的每一环节。譬如，报道开篇就从国网台州供电公司党委的回信引入，旗帜鲜明地告诉每一位读者，李宝金牵挂着党组织，党组织也时刻记挂着每一名党员，正是这种水乳交融之情，才成就了中国共产党的百年辉煌。为了让"人民的声音"更加具有说服力，本报道充分发挥了融媒体平台的传播优势，让"信件"和"照片"以历史的本来面目，直接呈现在了读者面前，不仅增强了新闻报道的历史感和纪实性，也让党的历史、党的形象，有了"血与肉"的直接依托，不仅具有视觉的冲击力，更具有情感的冲击力。

2 | 我是一个父亲,无论如何都不会松手!*

飞速奔跑的蓝衣小伙

---

* 本文为台州公司屈依扬、沈蒋蓓发布于"浙电e家",发布时间为2021-07-05,略作改动。

三、英模人物篇

　　监控画面里，身穿蓝色衣服的小伙子一路飞奔冲上漫着水的大坝，只见他毫不犹豫地跳进湍急的溪水里，奋力抱起两个孩子。忽然，三人一起摔倒，被水流冲出去好几米。一下、两下……他连拖带拽，一手抱起一个孩子，终于再次站了起来！

　　这是6月30日12点30分，浙江台州仙居县永安溪旁发生的惊险一幕。视频里飞奔救人的小伙子正是国网仙居县供电公司白塔供电所的员工吴宇浩。

身穿工作服的吴宇浩

　　当天中午，家住仙居县尚仁村的吴宇浩和家人一起到村口散步，一行人走到永安溪旁。看到水坝上有两个小孩在踩水玩耍，妻子怀里抱着两岁的儿子，念叨了一句："太危险了。"

　　夏季炎热，又正值暑假，大坝旁是周边游客带孩子来玩水、烧烤的热门地点。但这几天连续下雨，溪水大涨，已经没过大坝，成年人在上面行走，稍不注意都会摔倒。

事发地的照片

意外就发生在一瞬间,流水冲击,年纪较小的男孩没有站住滑倒了,姐姐伸手去拉他,两人都被卷到了水里!

"孩子落水了!"周围的人都还没反应过来,吴宇浩已经一路飞奔冲上了大坝。地面积水,长满了湿滑的青苔,人在上面走路都打滑,更别提跑起来了。"在这种地面上奔跑,脚一定要抬得高、跳起来跑,才能尽可能保持平衡。"在众人的叫喊声中,吴宇浩脑海里飞速闪过线路班老师傅的话,也幸亏他脚上穿着摩擦力大的电力工作鞋帮了大忙,七八十米的距离,十几秒钟他就跑到两个孩子落水的地方,毫不犹豫地跳了下去……

紧跟着吴宇浩前去救人的还有他的岳父和孩子的父亲,但都因为水坝的路难行,他们几次险些摔倒,吴宇浩的沉着冷静让他第一个冲上前去,争取到了最佳的救人时间。

下水以后,吴宇浩立刻发现,水深到他胸部,且脚下都是乱石,很难站稳。两个孩子在水里互相搂抱着扑腾,吴宇浩试图将他们抱起来,但孩子们挣扎的力气很大,三人一起在水中跌倒了,顷刻便被冲出去了一段距离!

危急关头，身材瘦小的吴宇浩不知道自己哪里爆发出的力量，一把抱住两个孩子在水里站了起来，双脚极力站稳。小男孩因为呛了水，小脸青白，他哭着说："叔叔，救救我，别让我再掉下去！"

吴宇浩说："我不松手。"又说："不要急，你们不乱动就不会摔倒。"他一遍遍地重复着、安慰着，两个孩子渐渐平静下来。此时他的岳父也涉水过来，在他的帮助下，四人成功上岸。

经了解，这两个孩子来自金华市浦江县，放暑假父母带他们来仙居游玩，没想到发生意外，幸好遇上了他。

获救以后，孩子的母亲双眼含泪地说："谢谢你救了我的孩子。"

上岸以后，吴宇浩才发现情急之下手机揣在兜里忘了拿出来，光荣"泡水"了，但他一心只记挂着孩子腿上的伤，并不在意。倒是孩子的父亲过意不去，几次讨要手机号、微信号想给他转账，吴宇浩执意不给。两人一个跑、一个追，一路"拉扯"到了吴宇浩家门口。孩子父亲见"恩人"家开了个小卖部，墙上贴了二维码，便扫了2 000元钱做谢礼。但没想到吴宇浩的妻子马上就拿了2 000元现金，硬塞还给他。

"我也有孩子，每个当父亲的人都会这么做！"吴宇浩换了衣服，丢下这句话就急匆匆地跑去供电所上班了。

回到金华的一家人念念不忘这位救人的叔叔，辗转托人打听他的联系方式……7月2日上午，正在所里值班的吴宇浩收到了孩子母亲发来的几段视频，视频里的小男孩问："叔叔，你还记得我吗？""叔叔，谢谢你救了我，我以后要向你学习……"

落水的男孩小名"小甜瓜"，今年六岁。回到金华以后，他和妈妈说，希望能对救他的叔叔说一声谢谢。"我当时很怕很怕，叔叔把我救起来的时候，我就把他抱得很紧很紧，因为我怕他摔倒了，就把我松开了。"小甜瓜说，"叔叔很勇敢，我希望以后能和他一样。"

"其实，这两个孩子也非常勇敢。"吴宇浩感慨地说。他还记得，在水里时，姐姐抱着他的手臂说："叔叔，你先救我弟弟！"第一次摔倒、爬起来以后，两个孩子听话地紧紧地抱住他，全心全意地信任他。"水流那么急，如果孩子们乱动，我们肯定会摔倒，那就危险了，但是我们彼此配合默契，一起坚持到了救援来的那一刻。"吴宇浩说。

吴宇浩正在工作

"当时我抱着他,他哭着让我不要松手,那时候我就想,我无论如何都不会松手的。""因为我(也)是一个父亲。"

作品点评

弘扬先进典型,彰显新闻力量

《我是一个父亲,无论如何都不会松手!》这则融媒作品聚焦于吴宇浩的救人事迹,用视频、文字和图片立体还原了救人场景,画面感人、文笔细腻,展现了见义勇为的电网人模范,弘扬了社会正能量。从新闻选题到作品写作,从融媒制作到社会反响,生动诠释了新时代新闻宣传工作者的职责与使命。

一、作品选题:弘扬先进,成风化人

水流湍急的漫水大坝,两个孩子突然遇险!在周围人还未反应过来时,

他，第一时间飞奔而去，纵身一跃跳入水中，奋力救人的危急时刻，三人被齐齐冲出数米……"我无论如何都不会松手！"监控视频中的蓝衣英雄，就是国网仙居县供电公司白塔供电所的员工吴宇浩。救人之后的吴宇浩，坚持拒绝孩子父母含泪送上的报酬，换了衣服便急匆匆地跑回供电所上班了。

这是一则鲜活感人的故事，更体现了新闻作品真实的力量。在党的新闻舆论工作座谈会上，习近平总书记提出了在新的时代条件下，党的新闻舆论工作的职责和使命——"48字箴言"。其中的"成风化人"，强调新闻舆论工作要多聚焦人民群众中涌现出来的先进典型和感人事迹，增强人民精神力量。作品以"风"为基，俯下身来，关注、记录和传播基层员工的故事，聚焦百姓身边事、弘扬先进的选题；以"化"为径，通过潜移默化的方式，找准思想认识的共同点、情感交流的共鸣点、利益关系的交汇点；以"人"为核，以群众身边的榜样感染人、打动人、说服人、影响人。

二、叙事风格：真情实感，小中见大

作品聚焦基层故事，用真诚朴实、细腻生动的笔触将一线所见所闻娓娓道来。这样的笔触，使一个临危不乱、勇于助人的国网基层员工形象跃然纸上，也使得"人民电业为人民"的国网员工群体形象受到社会公众的关注与敬佩。

文章伊始，作者就对吴宇浩跳水救人时的监控画面进行了深度还原与细致描述："毫不犹豫地跳进""奋力抱起""连拖带拽""一手抱起""站了起来"……一系列富有跳跃感和节奏感的动词运用，既将当时惊险危急的场景还原出来，又将吴宇浩勇于助人、沉着冷静的形象刻画出来，以电影大片般的紧张开篇迅速抓住受众的眼球，激起读者的阅读兴趣。随后，逐渐丰富故事的背景——时间、地点、人物、事件……按照叙事的顺序逐一解答读者的疑问。而后，作者讲述故事的后续：吴宇浩拒绝一切形式的"转账"，在完成了"英雄"事迹后，又如同一个普通人一般到单位上班。

一位见义勇为的英雄，不邀功、不炫耀，只把救人当作分内事儿和平常事儿。真诚朴实的文字，刻画出这位英雄的真诚与质朴。诚如鲁迅先生说："我们从古以来，就有埋头苦干的人，有拼命硬干的人……这就是中国的脊梁。"纵观全文，未曾见对吴宇浩、对国网员工的赞美之词，但恰是这并不

华丽的文字，充满了真情实感，小中见大，让人们感悟国网员工群体埋头苦干、助人为乐、真诚低调的品质，体现出"人民电业为人民"的企业宗旨。

三、融媒制作：多元融合，读者为先

在融媒作品中，融媒技术的运用不是炫技，最重要的是，始终以读者为中心，在可能运用的资源范围内，满足读者的阅读需求。这则作品采用视频、文字和图片的形式，讲述吴宇浩救人的故事，多元形式交织融合，相得益彰。

作品以吴宇浩救人的监控视频开头。监控视频，不是鸿篇巨制，也并非高清视频，只有一个固定的机位和角度，但是后期圈出孩子落水、吴宇浩救人的场景，配以字幕说明，一下子让读者清晰明了事件过程。这是一个突发的新闻事件，无法提前预知和策划，现场的监控视频提供了还原当时状况的可能性，虽不清晰，但更彰显事件的真实性。从监控视频的运用，也可见在有限条件下作者如何尽量调用可能的资源，最大限度地呈现新闻事件。

在视频下方，作者以动图的形式节选呈现了监控视频中的片段，重现了飞奔而去这个细节，充分"放大"了传播效果，也满足了不同阅读习惯的读者需求。

在事件发生后，记者专程赶赴仙居县永安溪，用"工作照"的形式展现了吴宇浩的工作状态，用航拍的形式直观还原了事发地的场景全貌。高质量的照片以"第一视角"带领读者，对于湍急危险的河流状况有了更清晰的认识，对于吴宇浩本人也有了更深入的了解。

四、社会反响：央企模范，社会榜样

正如习近平总书记所强调的："伟大出自平凡，英雄来自人民。"这位平凡岗位上的普通电力小哥，以不假思索的跳水救人举动，以及救人后甘做无名英雄的实际行动，在网民中获得了广泛赞誉，在网络上激起了巨大反响。救人监控视频，在微信视频号上获得1 000+次转发、9 000+次收藏；整则新闻，在微信公众号上获得10万+阅读量。这则关注身边人、身边事，动真情、有温度的新闻，在一次次阅读和转发中，弘扬了先进典型，彰显了新闻力量，传递了社会正能量。

3 我在山间寻春之味

春天是个奇妙的季节,虽然可能还是天寒地冻,但宽广深邃的地母,早已感知了天地转换的密令,催促着万物萌动,把积攒了一个冬天的生命力都迸发了出来。树上嫩蓬蓬的芽,田野里娇滴滴的花,让春多了一份色彩,也让舌尖多了一种"春"的体验。

刘正德(右)和徒弟

---

* 本文为台州·天台公司江东发布于"浙电e家",发布时间为2022-03-26,略作改动。

对于食"春"这件事儿，国网天台县供电公司白鹤供电所老台区经理刘正德是此中高手。作为土生土长的白鹤镇万年山的人，他把自己的大半辈子奉献给了这座大山，长年累月的沿山巡线，练就了一番"山里寻鲜"的本事。

巡线路上，哪里有最当季的食材，他都门儿清。路过随手摘一些，他随身带的"乾坤袋"里总能装得满满当当。

龙爪菜、灰条菜、乌叶、苦槠、神仙叶、椿树芽、荠菜、蒲公英、松毛菌、地皮菌、石耳、百合花、山毛栗、马兰头、野艾、鱼腥草、须毛葱、野水芹、茵陈……叫得上

刘正德和徒弟正在研究刚采摘的香椿芽

的叫不上的，在老刘的手里，都能做成美味珍馐，成为白鹤供电所员工幸福感的重要来源。

香椿芽：报春树上长出致富"芽"

要说春之味，素有报春树之称的"椿树芽"，是老刘的心头好。什么凉拌、炒蛋、盐津、晒干扣肉……各种花式吃法应有尽有，也让白鹤供电所同事们有了口福。

雨水节气后开春的头茬椿芽最是鲜美，绛红鲜亮芽儿搭上几片嫩黄的叶片，最是水灵，闻一闻，那独有的椿香带着春的气息直彻心扉。

老刘负责的万年山片区的线路上，有几棵野生老椿树，巡线归来，老刘总能带回几把香椿。

此时的椿芽，无需复杂的烹制，直接切碎，拌上蛋液，淋入热锅山茶油，划拉几下便可起锅。在油脂和蛋白质的双重激发下，椿芽便完成蜕变，

三、英模人物篇

香椿芽炒鸡蛋

香椿芽

金黄翠绿间，香气弥漫。

夹上几块，拌饭里头，触碰舌尖的那一霎，沉寂一冬的味蕾便已打开，积淀一冬的沉闷便已消除。

这旧时农村的平常物，却在近年来一跃成为高档时蔬，备受追捧，时价二三十块一斤，也让很多椿树农尝到了甜头，成为农村致富的新钥匙。

在万年山的椿树田里，一排排矮种椿树错落有致，一叶叶绛红色的芽儿娇艳欲滴，分外醒目，在乡村致富带头人老潘的带领下，全村10多户加入了种植大军。

然而今春雨水不停，这让椿农们有点发愁，这是一年的头茬收入，也正是最卖得起价格的时候，排涝保温工作来不得半点马虎。

作为台区经理，老刘比往常跑得勤快，从村里的变压器到农排线路，抽水机埠开关、冷链库等线路隐患排查，他都制定了详细的保障方案。

香椿讲求的是时鲜，近年来万年山也做起了新农村冷链系统，不到24小时，椿芽便经过挑选、清洗、包装，直达城市餐桌，为香椿注入高附

刘正德和椿树农

加值。

三年来,经过系列农网改造升级,国网天台县供电公司在万年山投入400多万元,新建改造10千伏线路15公里、低压线路8公里,使得村里的供电可靠率达到了99.975%,和城里几乎无差别。

"这在以前想都不敢想,生活用电还经常受雷雨影响,更不要说蔬菜冷藏保鲜了!"老潘说。

香椿致富密码:在抚慰城里人的乡愁的同时,也鼓了山里人的荷包。

地皮菌:伴春雷而生的"地精灵"

如果说椿树芽是"报春鸟",那么地皮菌便是大地灵气汇集而成的精灵,它还有个更接地气的名字"地衣"。

说它是"精灵",是因为它是个爱捉迷藏的调皮鬼。只要一夜春雨,原本光秃的山地岩石上、沟溪边枯草丛里,便会成簇成片冒出形似小木耳的藻

三、英模人物篇

类,远远望去仿佛是薄薄的绿被子,但只要太阳一出来,它们又消失得无影无踪。

天台到处是仙山福地,非常适宜对环境生态要求苛刻的地皮菌生长。

在老刘的巡线路上,有台州最北端的关岭,那里物产丰富,自然也少不了这种美味珍馐。

这么好的"馈赠",老刘会带着去看一个人——山前村的周祖友大爷。老人平日里孤苦无依,是白鹤供电所结对帮扶的"亲戚"。老刘家在万年山,离他家近,所以隔三差五都会跑去帮他看看家里的线路,说说话,顺便带点菜,借他家的柴锅灶一道解决午饭。

地皮菌

刘正德和徒弟正在研究地皮菌

刘正德和徒弟正在看望山前村的周祖友大爷

地衣好吃，却不好处理，夹杂的泥沙、枯草末子都会影响口感。别看老刘手粗糙，但洗地衣却十分细致，每一颗杂质都逃不过他的火眼金睛。

洗净泥沙，灶膛里大火烧旺，井水烧开，下入地衣，加入肥瘦相间的肉末。如果追求鲜美，那么汤汁复滚就可以起锅，但考虑到周大爷牙口不好，老刘都会多煮一会。

撒上点盐，下点胡葱提味，一碗浓厚的地衣肉末汤就做成了。几乎不需要咀嚼，哧溜嗦一口，那种润而不滞、滑而不腻的绵软口感，只能用"绝"字来形容。

最近几年，周大爷身体不太好，但又不愿意麻烦别人，每次老刘想带点滋补品都会被婉言劝回。也是听人说，地衣富含地衣酸和地衣多糖，营养丰富，而且非常适合牙口不好的老年人食用。

从此以后，这山里不值钱的"玩意儿"成功消除了周大爷的芥蒂。有时周大爷有个头痛脑热的，老刘还会采点蒲公英、车前草、马兰头根、鱼腥草等具有消炎功效的山货，让周大爷熬汤煎服。

艾草：药食同源话人生

艾草，广泛分布在山路、溪边、灌木丛中，这种与其说是野菜，还不如说是杂草的"鲜味"，即使在最鲜嫩的春季，仍然吃起来有股特殊的清香。但就是这份"清香"，老刘最是看重。

每次带着新徒弟一起巡线，老刘都会带他们认识这种另类的时鲜，因为在关键时刻能派大用。

惊蛰过后，山里的毒虫瘴气滋生。跟着老刘一块的徒弟小王不小心摔了一跤，脚脖子不小心被叮虫咬了个包，原本以为抹点风油精，忍忍就过去，没想到却开始红肿发痒起来。

艾草制成的面团

平时脚力颇健的小王嘴上不说，却被老刘看出了端倪。随手路边摘了一把艾草，打开铝饭盒，用石头捣烂，擦拭在伤口。不断揉搓，不到半小时，半信半疑的小王神奇发现，毛毛痒的感觉消退了。

趁着小王揉搓的间隙，老刘拿出"乾坤袋"继续摘，不一会儿便满满当当。"晚上给你来个药食同疗！"

回到供电所，老刘便忙开了，因为他要让供电所所有人都能感受艾草的魅力。

艾草洗净焯水，加入草木灰水（碱性），锁鲜锁绿，料理机打成泥，加入糯米粉，适量食用油，用力揉搓，制成面团发酵。

青元宝

青绿的面团在时间的催化下，变得蓬松透亮，散发出淡淡的清香。喜欢吃甜的包上芝麻糖、红豆沙，喜欢吃咸的包上春笋豆腐干、雪菜豆腐干，不一会儿，一排排圆鼓鼓的青元宝便上了锅。

在猛火热气的作用下，油光发亮的青团越发诱人，令人垂涎三尺。顾不上烫手烫嘴，咬上一口，刺啦冒油，艾草的清香伴随着油脂浸润舌尖，软糯的饼皮弹牙可口，不一会便被众人一抢而空。

众人围坐吃青元宝

"小王,多吃点,晚上再拿点回去泡脚,对伤口有好处!"经过此次教训,让小王彻底信服师傅的"神通"。

老刘说自己喜爱艾草还有个原因是从艾草里看到了自己,不起眼,也安于无闻,但朴素的外表下,也有颗火热的内心。

循春、巡线、寻鲜,电网人的人生百味,尽在其中!

作品点评

小切口下大主题,写味道品深情

常年在一线巡线的电力人老刘,把自己的大半辈子奉献给了这座大山,同时也练就了一番"山里寻鲜"的本事。文章借老刘之眼,看能为乡村带来财富的"鲜味",探寻背后国家电网的支撑作用;摘能给老人带来健康的"藻类",挖掘背后国网志愿者的帮助与关切;寻能替老刘徒弟疗伤的"药草"……一系列看似与电力无关的日常,背后体现的恰是国网基层工作者的投入与奉献。

一、选题策划:以小见大,烟火气下蕴藏大格局

随着央视纪录片《舌尖上的中国》的热播,美食探寻主题越来越受到人们的喜爱。2022年,央视纪录片《味道》也出现了寻鲜记专题。

初读此文,似乎是从一个基层电力员工视角出发,以充满希望的、灵动多姿的春为背景,讲述国网天台县供电公司白鹤供电所老台区经理刘正德,在万物复苏的春天于山间"寻鲜"的故事。这篇充满烟火气的网文,贴近百姓生活,读起来亲切自然,展现了山区"人民美好生活"。但仔细读下去,发现作品立意不仅仅局限于此。

"'香椿芽':报春树上长出致富'芽'"讲到长在报春树枝头的香椿芽时,实则在讲它是带来乡村财富的致富"芽",展现的是国网天台县供电公司为农村的蔬菜发展提供电力保障。"乡村振兴,电力先行",小小的香椿芽背后,蕴藏的是电力公司的责任与关切。

"'地皮菌':伴春雷而生的'地精灵'"讲到伴春雷而生的地皮菌时,不

仅讲它营养丰富、经济实惠、易咀嚼易消化,更讲述了老刘带着这份大自然的"馈赠"去看望结对帮扶对象周祖友大爷,并为老人亲手烹煮地皮菌的故事。老刘,正是众多积极帮困扶难、回馈社会的爱心电力人中的一员。

"'艾草':药食同源话人生"讲到有着特殊清香的艾草时,十分自然地从老刘身上落到了电力人的群像。他们正如艾草一般,虽不起眼且安于无闻,但朴素的外表下,有颗火热的内心。平凡的他们,充满着热情与希望,他们将自己奉献给了这片山林,奉献给了电力事业。

本文无论是展现国家重大政策的乡村振兴,还是责任央企的志愿服务,抑或是电力员工的奉献热情,竟全都始于春日山间的"鲜味"。将切口要小、以小见大的谋篇布局,拿捏得十分到位与顺畅。

二、内容讲述:文采斐然,以美食书写人生百味

这样人文叙事的选题下,优美的、诗意的、富有张力的语言可以营造出一种唯美的意境,让读者沉溺于其中,感受文字带来的精神享受。

写春天,用"把积攒了一个冬天的生命力都迸发了出来""树上嫩蓬蓬的芽,田野里娇滴滴的花",在开篇就营造出美好的氛围,吸引着读者的视线,温柔着我们的内心。

写颜色,用"绛红鲜亮芽儿搭上几片嫩黄的叶片,最是水灵""金黄翠绿间,香气弥漫"等色彩的艺术属性,让这些讲述的画面变得明亮起来。

写味觉,"哧溜嗦一口,那种润而不滞、滑而不腻的绵软口感""咬上一口,刺啦冒油,艾草的清香伴随着油脂浸润舌尖,软糯的饼皮弹牙可口",让人忍不住流下口水。"淋入热锅山茶油,划拉几下便可起锅",明明是动作描写,但读者仿佛听到了刺啦声。

视觉、味觉,最终都指向了鲜活跳跃,指向了沉浸式的感触。语言能带来无穷的想象,这些文字,让我们仿佛也成了主人公老刘,去看山野那致富"芽",去为年迈的老人做一顿饭,去跟同事一起分享美食,去投入到火热的电力建设与服务之中。

还有一些生动可爱的比喻,比如称呼地皮菌为"精灵",说它"是个爱捉迷藏的调皮鬼","远远望去仿佛是张薄薄的绿被子",都大幅增加了作品的吸引力。此外,还有一些更加内化的部分,如"香椿致富密码:在抚慰

城里人的乡愁的同时，也鼓了山里人的荷包"。山间野味，慰藉了城市人的精神世界，也给乡村带来了物质财富。这背后，则是一位位电力人的用心投入，正如"老刘说自己喜爱艾草还有个原因是从艾草里看到了自己，不起眼，也安于无闻，但朴素的外表下，也有颗火热的内心"。平凡的岗位上做着"不平凡"的事情，老刘是无数电力人的缩影。

三、呈现形式：光影巧妙，行文与配图相得益彰

本作品的配图也可圈可点。作品起初，是山间桃树光影朦胧，老刘和徒弟站在桃树下认真工作着。桃树美丽，也带来春天与生命的气息，这样美好的时节，老刘的故事徐徐展开。

"地皮菌：伴春雷而生的'地精灵'"章节中，老刘手里捧着地皮菌，暖金色的阳光照射在植物上，也照耀在他专注的面庞上，顿时心生温暖的感觉。正如地皮菌为孤寡老人带来健康与营养，老刘也为结对帮扶老人带来了物质的帮助与精神的温暖。这些图片，不仅给人视觉享受、心灵抚慰，更是让画面作为文字的配合，一起为作品所要表达的主旨服务，画面本身，也有了"生命"。

还有一些图片则胜在营造美的氛围上，如青团的图片，沾着白粉的淡绿外壳，以及抹茶绿的内芯，摆放在木桌上，充满整个画面，着实有一种清新文艺的美感。

最后，作为一篇官方微信公众号推文，每章节的标题版面设计上，都采用了"国网绿"作为底色，这些小巧思小设计，都提高了作品的精致度。

四、效果反馈：评价颇高，小主题也能成为爆款

本文一经"浙电e家"微信公众号发出，阅读量快速突破10万+，点赞过千，转发则超过了800，产生了较大的传播声量。小小的主题也能成为"爆款"，评论区纷纷留言"这文采馋哭我了""这篇文章意蕴悠长，情意绵绵，很温暖"，甚至还有网友打趣说想吃这个青元宝。

在国企宣传中，既十分需要国企担当、大国重器等宏大主题，也不可或缺亲切的、烟火气的身边故事，使网友们愿意倾听企业的诉说，并且信任企业的传播，从而有效积累粉丝，扩大传播影响。

本文所配照片大多十分精致且富有美感，但在文末却以一张近似"随手拍"的照片作为结尾，略显虎头蛇尾，也易使网友"出戏"。在今后的融媒制作中，还需对细节进行进一步的把控。

4 | 工作33年后　他长矮了8公分*

去石梁之前，对王强的故事有所耳闻，但当我们见到他的一瞬间，眼泪差点没流下来。

8月4日下午3时许，正值一天中最热的时候。在石梁镇山区盘山路上兜兜转转半小时后，我们终于到达王强所在的国网天台县供电公司石梁供电服务站。推开车门远远看到一个人，攀着扶手，弯着腰，一扭一扭的，像搬麻袋一样把自己从楼上搬下来。本能地，我小跑过去扶着他。虽未谋面，但我直觉他就是王强。眼前这个人，比我了解的还令人心疼和敬佩。在过去33年里，他脚下生根一样牢牢长在浙江海拔最高的供电服务站里。33年日复一

---

* 本文为融媒体中心张正华、周肖兰，台州公司卢江东、屈依杨发布于"浙电e家"，发布时间为2022-08-11，略作改动。

日平凡而扎实的工作，像一把榔头把他钉在这座生他养他的山上，也如同榔头一般，日复一日锤打他的腰、他的腿。

"刚工作那会儿我一米六九，现在差不多长到一米六一了。"有点自嘲，王强饱经岁月的脸上闪过一丝微笑。

一双冻腿　三次遭罪

1989年，王强开始从事电力工作。此后33年中，这双腿就支撑着他奔波在石梁镇里的每一道沟沟坎坎。

石梁镇位于海拔600米以上山区内，辖区最高海拔1 098米，是台州最冷的乡镇。

这里有台州市最高最冷的供电服务站，恶劣的气候和特殊地形让线路维护工作异常艰难，而这，正是王强这双腿落下毛病的"罪魁祸首"。

最早的根子恐怕在2008年就种下了

王强回忆起来。2008年的那场冰灾，即使最不善于言谈的同事，在经历过那场对电网来说如同电影《后天》里描述的灾难后，都能倒出来几箩筐话。王强的经历，更加深刻。

低温、雨雪、冰冻，在2008年给电网带来的是倒塔、断线、电力供应中断……"又冷又湿，10千伏导线覆冰直径超过10公分。路面结冰同样超过10公分，站都站不稳，更别说走路。站里唯一一辆车子还是两驱，没法开。"王强回忆起当时的场景。

车没法开，那就走。在长达两个月时间里，王强和同事上班下班全靠走，巡线抢修也靠走。湿、冷还有盘旋升降的山路让王强的膝盖负荷极大。"一不留神一个屁股蹲儿，摔惨时，半天都爬不起来。"跟恶劣气候斗争惯了的电力工人，自有他的办法。覆冰最严重时，王强随身总带一把铁镐，铛铛几镐下去，覆冰上铲个坑，如同北方播种季，农民点种一样，一步一个坑。就这样，在零下五六度的低温中，王强和同事走遍石梁山的角角落落。他们身后的冰坑，如同一长串省略号……

王强的膝盖从此落下病根。

第二次遭罪是在2016年

由于长久磨损,王强膝盖半月板严重受损。再加上滑膜炎,不堪其痛亦不堪其扰,在亲人劝说下,王强终于接受了手术。3号开刀,5号出院,8号就出现在服务站里。"心里空落落的,总觉得有事没干完,放心不下,就是躺着也要干。"王强说。

旧伤尚未恢复,新痛接踵而来。冬天时,王强去范坟岙村一个台区巡线,从出线开始走,在50公分厚积雪中,整整走了3个多时辰,摔了不晓得多少跟头。2016年年三十,王强照例给自己排了班,大年初一下午给用户架临线,从下午2点一直忙活到晚上8点,才摸着黑回家过年。

劳累加上旧伤未愈,王强的膝伤严重了,而更严重的还在后面。

第三次,让他最终成为现在的样子

2021年10月份,眼看儿子伤情愈加严重,王强的父母看着实在心疼,但却劝不住儿子。"那是最忙的时候,眼瞅着大家都忙,实在不愿意这时请假治病。"王强说。看着自己劝说无效,88岁的老父亲想到了和王强一起共事32年、同村的石梁供电服务站副站长潘善科。

然后，劝说依旧无果。而这一次，对王强伤害是无法挽回的。

今年2月17日，石梁山上出现冰冻，一觉醒来，王强发现自己即便是拄着拐杖，腿也抬不起来了，钻心的疼痛，彻底击垮他的身体，他已经没办法去现场了。即便如此，他还是到站里处理事务，直到凌晨1点才回家。"有时候我看到都觉得可怜，眼泪都快流下来。"说着说着，57岁的潘善科红了眼圈。

王强确诊患上了严重类风湿。

为民服务　风里雪里

石梁镇人口17 000余人，电力用户近5 500户。山高林茂，人烟稀少。"有的地儿两根电线杆，才有一户人，电线杆比人还多。"王强笑着说。

由于镇上人口散落在不同山脚下，山路崎岖，维修起来往往要付出比平原地区多数倍的工夫。南辽自然村只有20户，住得比较分散，两户之间相隔五六百米。一天晚上，村里一老人打来电话，说空气开关跳掉了怎么都合不起来。接到电话，王强二话不说，爬起来赶了十几公里山路，再爬山五六百米，只是帮用户按了一下漏电保护器上的按钮。

是啊，这样看着平凡，甚至简单的工作，就是王强和他的同事做的最多的事儿。为群众服务，不见得有什么急难险重，更多是日常点点滴滴。山里空巢老人多，表前表后分不清，一个电话，不管烈日当头，还是风雪拦路，王强背起工具包就赶过去。

在石梁，大多数人的电话本里都有王强的电话。他们说，有事情，找王站。

让王强印象深刻的是2020年夏日一个晚上，台风"黑格比"肆虐。兴龙湾自然村一个村民打来电话，说导线上冒火花，吓死人。王强一听，带着同事摸黑出发。裸露的导线碰到树木呲呲地闪烁着火花。台风呼啸，树枝摇曳，如同黑夜里的一双眼睛，让人心慌。王强和同事一直干到午夜，才把树障处理掉，悬在群众心中的一块巨石，终于落地。

做群众的贴心人，怎么做？就是在群众需要你时，一个电话就能叫得应、赶得来。村里供电线路改造，因为传统思想影响，部分村民不愿意，别人搞不定，王强一出面准能搞定。"村村户户都认识他，都信任他，晓得他一定替群众干事。"潘善科说。

这几年，石梁山借助优美的风景发展起了旅游民宿产业。用电情况也更复杂了，王强就更忙了。说起王强，遥见民宿的老板章正南一个劲地说，很熟，很靠谱。"我不懂电，碰到什么事情都找他，准能搞定。"2020年，老章的民宿开业，第一年就遇到打雷，一个电话过来，从晚上11点弄到凌晨1点

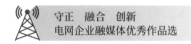

多，房间里的灯才重新亮了起来。

"我就说，晚上游客都休息了，要不天亮了再弄吧。老王硬是不同意。"

"疫情下民宿产业多不容易，做民宿就是做服务，你电都没有，游客下次还会来？还会介绍亲友来？"固执的王强坚持晚上一定要修好。

哪里有这样贴心的人，把别人的事业当自己的事业，服务别人比服务自己还赶上趟？王强是。而这，也许就是王强被授予2022年第二季度"浙江好人"称号的原因。

王强身上的病痛越来越严重了。身上六七处部位患有严重类风湿。他的腰挺不起来了，腿站不直了。山里的湿冷进一步加剧他的病痛。

"实在不忍心，我们曾劝他去山下工作。"国网天台县供电公司纪委书记、工会主席赵丹芬说。

王强拒绝了。他说："既然选择了这份工作，心里总有一个责任，就是要把这事儿干好。我年纪大了，在山上工作三十多年了，乡亲都熟悉我，也都认我，我得给他们干好。"

同样面临去留的还有潘善科。如同王强一样，他没有丝毫犹豫："我57岁了，公司要调我下去，我不去，我去了，留下我的老伙伴，谁照顾？他走不动，我还能扶他一把，还能开车载他一程。我和他一起33年了，舍不得。"

作品点评

致敬电力楷模，激发"平凡英雄"的人物穿透力

三十年如一日，电力楷模王强带领团队驻扎高山之巅，无数次在暴雨中爬杆、于风雪中逆行，挨家挨户检修保供电，为群众点亮平安的灯火。由于长期在高寒环境下作业，他的左腿膝盖在一次次抗冰冻抗台风中落下了病根，手术后旧伤仍频频复发。即使两腿不能伸直，行走痛苦而艰难，他却三十年矢志不渝，始终坚守在石梁镇，坚守在供电服务的第一线，只为点亮高山灯火。

"楷模"二字，既是对许许多多像王强一样扎根一线的基层工作者们的最高褒奖和最美赞誉，更是对全面建设社会主义现代化国家新征程中

千千万万奋斗者的鞭策和激励。人民电业为人民,一大批电力楷模正吹响着号角,激荡着中华民族的奋进征程!

一、选题:立得住、叫得响、传得开

礼赞榜样,并不一定是因为其做了多少惊天动地的事儿,也许是他用实实在在的行动,展现着人性魅力,诠释着一种精神。王强同志是一位土生土长的"北山人",作为普普通通的电力工作者和扎根基层的共产党员,30年来,他走遍了石梁镇244个自然村的角角落落,用任劳任怨的辛勤工作换来了人民群众的用电安心,用实际行动验证了"一辈子做好一件事"这句话。在台州最高最冷的供电站,台风和冰冻灾害频发,手砸"栈道"艰难前行,冰天雪地里一待就是三四个小时,手脚冻伤是家常便饭。30年始终在极端环境下艰苦作业,王强的膝盖早已不堪重负,然而,他却用最"脆"的膝盖,站稳了最"硬"的哨。一辈子做好一件事,敬业爱岗,默默奉献,单纯的伟大可以激动一切心魄。致敬凡人英雄,聚焦电力一线普通人物,发掘身边电力人的正能量,同样情真意切、生动感人,同样扣人心弦、鼓舞人心!

二、报道:沾泥土、带露珠、冒热气

好的人物报道一定是跑出来的,"一头汗、两腿泥",采访才能抓到"活鱼"。离泥土越近,新闻宣传作品才越有生命力。报道人物楷模,不是脱离实践地层层拔高,更不是子虚乌有地吹捧,而是通过一件件实实在在的事件描述,还原复刻老百姓心中的"楷模"形象。整篇人物报道从"长矮了8公分"开始,设置悬念,一步步挖掘王强同志"矮了8公分"背后的原因。从"一双冻腿三次遭罪"到"风里雪里为民服务",在村民们一次次感动与称赞中,"抢险冲锋员""群众贴心人"的形象也由此铺开。

一篇人物报道要能真真切切打动读者,不仅要"身入",更要"心至"。对人物的采访不是单向度的,它的本质是沟通。采访到人物是第一步,走近人物、真正理解人物,才是一次成功的采访所要抵达的终点。在写这篇人物报道之前,作者对王强进行了实地走访,走进他生活与工作的点滴日常。当记者见到他扭着身子下楼的一瞬间,"眼泪差点没流下来","本能地,我小跑过去扶着他";当村民们不约而同地说出"有事情,找王站"时,作者才深刻地认识到,"眼前这个人,比我了解的还令人心疼和敬佩"。在这些点点滴滴的事迹中,作者的情感流露是如此真挚、如此鲜活,又如此热气腾腾。"冒着热气"的作品,不见得必须是急难险重冲锋一线的题材,在日常点滴中俯下身来发现平凡中的伟大,真正走近人物,才能由衷内发情感,激发出普通人物的穿透力。

三、影响:有温度、有人气、有感染力

踏遍青山人未老,坚守30余载,只为点亮石梁平安灯火。本文在"浙电e家"公众号一经发出,就快速获得了10万+的阅读量,随后,人民资讯、人民日报客户端纷纷转载,获得了广大群众的积极好评,让"技术硬,服务硬"的电力人精神深深烙在人民心中。

很多人不理解王强为什么忍受着膝盖重创,却还要执意留在山上。大家不知道的是,在石梁,大多数人的电话本里都有王强的电话。不管烈日当头,还是风雪拦路,只要一个电话,王强便背起工具包第一时间赶过去。一个电话就能叫得应、赶得来,这里的村村户户都认识他、信任他,知道他一定愿意帮群众忙、替群众干事。面对这份沉甸甸的信任,王强直言,我肩上有一份责任,就要把这事干好,乡亲们都跟我很熟悉,也都认我,我得给他们干好。三十多年来,王强始终以心交心,勤勤恳恳地做好电力人,真真切切地做好贴心事。时间总会有答案,这位群众的"贴心人",不仅守护了整个石梁镇的灯火,更向千家万户生动展现了"人民电业为人民"的赤热初心,将"电力楷模"的正能量传递给了每一位平凡英雄。在留言中,有网友表示:"虽然2022年过得百孔千疮,可偏偏有人修修补补,为你守护心中灯火,让你觉得人间还是值得来一趟!"

好文章离不开好的新闻宣传工作者。新时代,新闻宣传工作者须时刻谨记习近平总书记"要转作风改文风,俯下身、沉下心、察实情、说实话、动真情"的殷殷嘱托,坚决克服脱离生活、不接地气、同群众贴得不够紧的问题。这是新时代宣传工作者的责任所在,也是宣传与舆论工作的价值追求。每一位投身新闻与宣传事业的工作者,都应努力做到用生动的笔触、有力的声音、精彩的镜头,创作出更多好的宣传作品,不负历史、不负时代、不负人民。

5　叮！南网"空中玫瑰"在铁塔收到了一份超级外卖！*

近日
bilibili视频网站视频创作者@盗月社食遇记
"超级外卖员"沐上在广东惠州
接到一份特别的同城外卖订单
下单人是"邦哥"
下单来源竟然是@人民日报

---

* 本文为人民日报新媒体中心、bilibili人气视频创作者@盗月社食遇记、@南网50Hz、@广东电网发布于"电力传媒",发布时间为2022-08-07,略作改动。

但这单外卖的配送有点难度

难题1：目的地高度未知

难题2：路程68公里，必须在上午10点30分送达

到底是怎样的一餐外卖？

"邦哥"是谁？

这份外卖要送给谁？

送到哪里？

咱们一起来揭秘！

原来

"超级外卖员"沐上这次的送餐目的地

是垂直距离超过100米的

500千伏输电线路塔

"她是在塔上工作吗？"

"她是在高压电线塔上工作吗？"

三、英模人物篇

"她要走线？！"

在烈日下步行800米上山后
"超级外卖员"沐上终于见到了
本单外卖的收货人——
南方电网广东惠州供电局输电管理所班员
林诗敏和她的同事们
他们在超过100米的高空
对电力线路做投产前的验收工作

在空中他们需要检查
导线是否磨损
螺栓是否紧固等问题
这些问题只有
通过手和脚的触摸才能发现
这样的线路每天要走五六公里

上午六七点
林诗敏和她的同事们就已登塔作业
10点30分至11点
验收工作结束
正好能避开正午的高温
这也是为什么林诗敏的爸爸"邦哥"
要求外卖在10点30分送达的原因

因此
"超级外卖员"沐上不得不起个大早
和林诗敏爸爸一同准备餐食
抓紧时间配送

三、英模人物篇

原本林诗敏只知道
会有摄制组来拍摄职业纪录片
对于这份"超级外卖"
她和班组的同事全不知情
但是一看到沐上手中的玉米汁
诗敏一下认出
"这一看就是我爸的,对不对?"
"应该没有其他人能做出来"

天气炎热
下塔后的班员们面露疲态
但听说林诗敏的爸爸准备了丰盛的午饭
大家都非常开心

"还是第一次在野外吃这么丰盛"
高压输电线路的运维工作人员
需要常年在山中作业
林诗敏和班组同事的午饭
都是仓促解决

这一次
爸爸为林诗敏和她的同事们
准备了11人分量的四菜一汤
虽然是家常便饭
但关心满满

爸爸也希望通过"超级外卖员"

三、英模人物篇

给女儿送去平日里不常说出口的话
这也是他第一次给女儿写信

对于女儿从事的这份
需要在高空作业的工作
乐观的他持鼓励态度

"大宝贝
转眼你已经工作几年了
你用心用力
赢得了属于自己的劳动成果
我们深感骄傲和自豪
希望你安心工作
保重身体
好好享用这顿饭吧!"
"我觉得我这次外卖送得很值"
这一期的"超级外卖"
餐点数量超级多
配送距离超级高
起得超级早
送餐过程超级欢乐也超级感动
更是刷新了"超级外卖员"沐上对
输电线路运维工人的认知

他说:
"原来电能够如此畅通地进入到千家万户
是因为有很多电网工作人员
在这样的高空和酷暑的环境下作业
维护电力线路的正常运行
很感谢他们
让我们在酷热的夏日享受空调
他们在背后做了很多努力
他们站在阳光下,却很少被人知道"
看了视频后　网友说

三、英模人物篇

电网线路检修工作人员真的超级不容易，特别是今年夏天气温明显升高，北方和南方一样也是又闷又热，所以各地负荷明显创历史新高，这种情况下，需要线路检修人员细致入微的工作，才能实现电网稳步建设！
👍 1740

送出去的是外卖，背上肩的是责任；吃到嘴的是回忆，眼角流的是思乡。在外面漂泊过的就知道这份家里的味道是多动人😭他真的，我哭死
👍 3702

（原视频请扫描二维码观看）

作品点评

在二次创作中致敬"高空舞者"

2022年8月5日，B站播主"盗月社食遇记"发布了原创《超级外卖员》系列第三期视频"003订单"，该视频由人民日报新媒体参演，时长26分40秒，讲述播主长途跋涉为高空作业的电力工作者配送其父亲做的饭菜的故事。截至2022年11月15日，该视频已经获得81.8万次点赞，12.3万次收藏，3.1万次转发，成为社交平台上的爆款作品。视频中的95后女电力工作者林诗敏，是南方电网广东惠州供电局输电管理所班员，负责百米高空电力线路检查验收工作，常被人们描绘为"高空舞者"。在B站视频上线后，南方电网官方公众号"南网50Hz"于8月6日发布了基于该视频的二次创作推文，对"高空舞者"的故事进行了进一步艺术加工，产生了更加广泛的积极影响。

一、融合原创与转载，凸显故事中的情感与价值

该推文是基于已有作品进行的二次创作，其中的大量文字、静态图片、动态图片、视频链接都与原视频相关。推文重点提炼了原有视频中表现人物

形象和高空作业场景的部分。林诗敏与其同事的容貌细节、精神状态、行为举止都被生动地刻画出来，他们冒着高温烈日，不畏艰难地奋战在最危险的第一线，多幅静态图片与动态图片都以航拍视角或地面仰拍视角呈现了高塔的威武以及在上面作业的惊心动魄，其中一幅动图以第一视角呈现了林诗敏手握钢缆进行高空作业的惊险场景。不过，她和同事们却一直保持着乐观积极的精神状态。

静态图片与动态图片中多次展现出林诗敏爽朗的笑容，仿佛那无声的静态图片与动态图片中也能听到她清脆的笑声。林诗敏父亲的形象也多次出现在静态图片与动态图片中，在他温暖的笑容和专注的神态中，我们可以感受到他对女儿的拳拳关爱。当林诗敏观看父亲读信时，她的爽朗笑容变成了沉静与专注，父女之间的深厚情感跃然纸上，令人动容。花季少女大学毕业便毅然爬上高塔，和其他男同事们一样奋战在高危作业的第一线，成为令人仰慕的"高空舞者"，这种大无畏的奉献精神值得所有人的钦佩。推文二次加工了原视频，截取了静态图片、动态图片，插入了B站视频链接，也直接插入了原视频，同时，推文也将原创的静态图片和文字毫无违和感地穿插其中，共同展现了"高空舞者"故事背后的情感和价值。

二、悬念引领叙事，生动讲述故事背后的故事

该推文并没有直接复述原视频中的故事，而是重新创作了叙事线索，设置悬念问题，逐步展开视频中的故事，并深入解析了故事背后的人与事。推文以"超级外卖员"沐上接到"邦哥"下单开篇，提出配送两大难题："目的地高度未知""路程68公里，必须在上午10点30分送达"，进而提出4个问题——"到底是怎样的一餐外卖？'邦哥'是谁？这份外卖要送给谁？送到哪里？"来引领全篇叙事。

当外卖员来到高塔作业现场时，推文引用了视频中的台词提出悬念问题："她是在塔上工作吗？""她是在高压电线塔上工作吗？""她要走线？！"进而引出故事的女主角林诗敏，并通过航拍视角的静态图片与动态图片将观众带入天空之上、高塔之巅、电缆沿线，极致展现了"高空舞者"的工作状态以及他们不畏艰险、从容自若的精神风貌。在林诗敏尝到父亲亲手制作的玉米汁时，推文引用了视频的台词："这一看就是我爸的，对不对？"从而将

故事推进到父女亲情的温馨描述中。这段叙事线索与视频中的顺序并不一致，推文是在林诗敏尝到玉米汁后，才回顾展现了其父亲烹饪的场景，推文巧妙运用了影视作品中常见的时间蒙太奇手法，将时间线索根据剧情需要进行了重新编织。通过一系列的悬念设置，叙事情节层层展开，故事背后的故事也跃然纸上。

三、融合多种图文元素，展现"高空舞者"动人风采

推文内容融合了多种图文元素，包括17组叙事文字、5行题注文字、10幅静态图片、12幅动态图片、2幅B站账号截图、2个原创视频链接，这些元素的有机整合，让推文内容丰富多彩、赏心悦目。其中，叙事文字采用了每句断行的诗文写法，这种行文排列在视觉上有助于情节推进，不断将公众带入到下文的线索中。

推文从原视频截取了5幅静态图片，与原创的5幅图片错落搭配，共同展现了高塔作业和"高空舞者"的直观形象。同时，推文还从原创视频截取了12幅动态图片，展现了原视频最精彩的部分，也将人物风貌、峻岭蓝天、高塔作业描绘得无比生动。

推文将人民日报新媒体、bilibili视频创作者@盗月社食遇记创作团队账号进行了截图，也将B站上高点赞次数的留言进行了截图，并嵌入了B站视频链接，最后还将原视频链接再次嵌入。丰富的图文元素将高塔电力工作者的形象及其生活中的点滴故事抒写得淋漓尽致，充分展现了"高空舞者"的动人风采，也有助于升华推文主题，直观呈现宣传文案中饱含的情感与价值。

浙江电力人的世界,请你不要猜*

……

---

* 本文为融媒体中心陈丽莎发布于"浙电e家",发布时间为2020-01-14,略作改动。

三、英模人物篇

他们还特别 智慧

这一年把"泛在电力物联网"建得风生水起

网上国网推广用户数占全网总数的25%

完成网上电网

多维精益管理等国家电网试点建设任务

"泛杭州湾""宁波梅山""浙江乌镇"

三大综合示范工程取得阶段性成果

杭州滨江泛在电力物联网示范区试点初步建成

嘉兴城市能源互联网综合试点示范项目通过验收

率先建成电网域数据中台和电网资源业务中台

全面启动客户侧泛在电力物联网建设

全国首次应用区块链技术实施电力需求响应

建成现货市场技术支持系统

实现市场模拟与结算试运行

……

不

他们还是**暖男**

他们特别贴心

让更多的人"少跑腿"

"获得电力"更迅速是他们的共识

开通"浙里办"办电服务

优化"掌上电力"

常用办电业务线上可办率90%

累计减少群众跑腿1004万次

实现10千伏高压

客户供电公司办理业务

平均时间压减至40个工作日以内

低压小微企业电力

接入平均总时间

压减至17个工作日以内

……

三、英模人物篇

……

他们取得显著的抗台成效

最大程度确保了电网安全

最大限度保护了人民生命财产安全

最快速度修复了受损电网

相比以往同级别台风

"利奇马"造成损失是最小的

得到了国家能源局的肯定

在这场与大自然灾害的抗争中

他们的身影

值得我们铭记

……

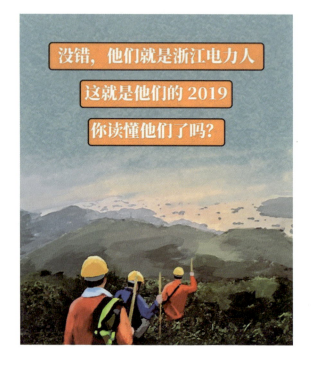

没错,他们就是浙江电力人

这就是他们的 2019

你读懂他们了吗?

（原作品请扫描二维码观看）

强信心·暖人心·聚民心

无论国家还是组织机构，年度工作计划、重要节点、重大进展、成果总结等，既是工作的主体内容，也是新闻宣传工作的重要题材。对新闻宣传工作者来说，如何做好总结式报道、成就式报道，既驾轻就熟，也充满陷阱和挑战。也正因为轻车熟路，很容易采取惰性思维和路径依赖，在新闻叙事和写作风格上陷入窠臼，在角度、形式、技术等方面陷入俗套，丧失了创新和钻研的锐气。

《浙江电力人的世界，请你不要猜》借助现代融媒体新手段新方法，打破传统公众号文章以图文为主的写作模式，运用手绘长图、文字解说和视频补充等融媒体形式，立足人民立场，以人民群众喜闻乐见的传播手段向群众介绍了2019年度浙江电力人的工作内容和工作成果。无论是从文本内容而言，还是从融媒体形式而论，本篇推文始终坚持以创新为导向，以社会公众立场和需求为出发，称得上是一篇强信心、暖人心、聚民心的优秀融媒体报道。

一、强信心，系统化呈现工作成果

基层单位的信息公开是否到位，直接关系到民众对基层单位乃至整个公司系统的认可程度和信心。电力系统是民生系统中的重要一环，关乎群众生产生活的方方面面。因此，对电力工作及其成果的系统化呈现有利于增进群众对电力系统工作的认知和了解，进而增强其对电力基层单位工作的认可和信心。推文的发布，正值农历春节，恰是总结以往工作、迎来崭新一年的重要节点，作者充分把握这一时机，面向公众做出"年度工作报告"。

在整个2019年间，浙江电力人将"让浙江更'诗情画意'"作为自己的心愿，不断推进电力系统"绿色"转型，为节能减排、低碳发展贡献自己的力量。这一年，他们努力推进"泛在电力物联网""坚强智能电网""舟山联网""钱江输变电""南麂岛联网""乡村电网改造升级"等工程建设，创造性地完成"世界首条交流500千伏交联聚乙烯海缆投运""世界首次直流双极短路实验"等工作。与此同时，作者将这些工作成果进行量化处理，用一个个具体的数字和百分比，将一整年的实际工作情况详细汇报给公众。良好报道时机的把握和数据化报道策略的采用，让公众对浙江电力人的工作有了更为深刻的了解，增强了其对国网浙江电力系统的认可度，以及对国家环境保护政策和电力发展战略在浙江得以更好实施的信心。

二、暖人心，文本内容直面群众关切

新闻宣传思想和舆论工作要坚持以人民为中心，已经成为普遍共识和行动指南。只有立足于最广大人民群众的立场、直面群众关切、贴近群众生活，新闻作品才能鲜活生动、打动人心。对于电力系统而言，群众最关心的问题莫过于"办电服务"和"用电成本"，这自然成为了供电企业新闻宣传工作的重要内容。

推文聚焦这两个问题，展现了浙江电力人"特别贴心"和"特别精打细算"的一面——为了能够让群众"少跑腿"，浙江电力人开通了"浙里办"办电服务，"累计减少群众跑腿1 004万次"；为了让群众"'获得电力'更迅速"，浙江电力人不断压缩接电业务办理时间；为了降低企业用（接）电成本，浙江电力人认真落实一般工商业调价等政策，全面推广临时用电设备租赁服务，实现年降低企业用（接）电成本107.5亿元。这些报道内容，充分回应群众关切，不仅增进了群众对电力工作人员的理解和支持，还让群众深切感受到基层单位为人民服务的办事态度，温暖人心。

三、聚民心，融媒体形式展现奋斗群像

毋庸讳言，现阶段，我国新闻媒体普遍存在正面宣传形式单一、缺乏创新等问题，一些公众选择用自己的行动进行投票，致使一些传统新闻宣传机构面临着极大的生存压力。在这样的情况下，无论新闻媒体机构，还是企业

的品牌宣传，只有创新方法手段，才能创作出人民群众喜闻乐见、能够"凝心聚力"的新闻作品。推文创新使用融媒体形式进行报道，多层次、立体化地展现了浙江电力人2019年度的奋斗群像。

在图片部分，推文运用手绘的方法对画面进行了处理，将浙江电力人的群体风貌栩栩如生地呈现在群众面前。例如，在长图最后部分，文章采用手绘的方式勾勒出浙江电力人抗击超强台风的画面，寥寥几笔便令读者清晰地感受到浙江电力人团结的精神和舍己为公的品质。

为了向群众展现更加完整的浙江电力人群体形象，作者又在文末附加了一则视频——"国网浙江电力年度燃情视频"，用动态的方式，将浙江电力工作人员爱岗敬业的精神风貌呈现在受众面前。这些奋斗群像的呈现，不仅使浙江电力人对所在集体产生更多的归属感，还打破了群众对电力技术人员及其工作状态的刻板印象。而这一切，都为国网浙江电力系统未来工作的开展奠定了良好的群众基础和舆论氛围，有利于浙江电力系统内部乃至社会上形成"凝心聚力"的良好风气，推动社会主义电力事业高质量发展。

四、应急行动篇

台风、洪涝、高温等极端自然灾害，威胁着电网设施的安全可靠运行，危及人民群众的生产生活和社会经济的正常发展。面对来势汹汹的灾情，有这么一群人，虽身无铠甲，却毅然逆风而行，他们就是"特别负责任、特别能战斗、特别能吃苦、特别能奉献"的电网铁军。在一次次奋战救灾中，在一场场大战大考中，党员们挺在第一线，把党旗插在最前沿，共同筑牢"光明防线"，用实际行动践行初心使命，坚决打赢抢险救灾阻击战，全力确保电网安全稳定运行。

1 | 风雨中,他们是谁的儿女,又是谁的父母……*

灾情来势汹汹
有这么一群人
他们虽身无铠甲
却毅然逆风而行

"这么多线路跳了,我尽力了,但还是感到无能为力……"抢修了一整夜没合眼的国网杭州市大江东供电公司线路运检一班队员田汉霖在被要求去强制休息时,一下子情绪失控,哭了起来。

---

* 本文综合各单位供稿,发布于"浙电e家",发布时间为2019-08-10,略作改动。

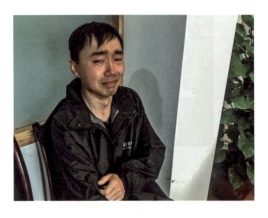

田汉霖今年29岁。8月9日下午受到台风影响,他一直在外面抢修,19时许回到单位,21时许继续出去处理故障,分别去长浦、前裘、白对、长江、新潮、南围线处理事故,一直到次日早晨6时返回单位,休息了十分钟又出发去河镇线,8时许回单位,前后处理了8次事故。领导和同事们看到田汉霖脸色疲惫,强制要求他休息。

田汉霖被摁在备班室的椅子上,还一个劲地说着:"我不要休息,还有那么多事情要做,我哪能睡得着?"

8月10日9时许,在备班室短暂休息了1小时后,田汉霖又出发了!

在国网浙江电力,像田汉霖一样拼尽自己全力想要尽早为百姓恢复送电的伙伴还有很多很多……

四、应急行动篇

雨下了一整夜,他们也忙了一整晚……

累了,他们就眯一会儿,哪都能睡……

饿了,他们就狼吞虎咽、风卷残云,吃嘛嘛香

忙完了这阵,他们说,就可以接着忙下一阵

四、应急行动篇

他们匆匆而来又匆匆而去
甚至等不及衣服晾干

四、应急行动篇

他们的努力百姓看在眼里

8月10日一早,国网象山县供电公司鹤浦供电服务站抗台抢修队员们吃了一顿特殊的早餐。

"站长,今天有一对夫妻送来了早餐,说是给我们抢修人员。"一大早,鹤浦供电服务站站长李永军接到门卫电话。

李永军连忙从值班室来到门岗,只见门口放着一大锅粥和一大箱馒头包子,还有咸蛋榨菜。

原来,送早餐的是李永军的老熟人高塘兵,他们因"电"结缘。

去年夏天,高塘兵夫妇开了一家小饭店,有次出现了用电故障,高塘兵找到了李永军,李永军迅速解决了他的"心腹大患"。

9号超强台风袭来,李永军和同事们日夜严阵以待,随时赶赴抢修现场。高塘兵心里惦记着:他们风里来、雨里去,肯定睡不好也吃不好。

象山在宁波的最南端,鹤浦、高塘等岛屿在象山的最南端。

白天,李永军带领员工们蹚过齐腰深的洪水,来到村庄,和大家抢修电力设施。晚上,啃着饼干喝着瓶装水当饭吃,连续两天一夜,没合过眼。

在历年防抗台工作中,他曾经连续72个小时奋战在抢修现场,也曾经连续60天没回过家,被人称为"电力铁人"。8月9日,半天时间他就接了153个电话,处理了20余起高低压故障。

小e想和大家说一声:
如果您家还没有来电,请多一份理解,多一份耐心!
他们正在尽最大的努力,以最短的时间修复故障。

作品点评

在建设性报道中引领舆论

媒体作为社会的"瞭望者",其首要职责在于守望环境,借助全面、客观的报道,构建有利于社会发展的良好舆论环境。一方面,通过舆论监督,对社会运行中的异常情况进行报道,聚焦社会问题的解决,发挥社会发展引航员的责任;另一方面,更多通过建设性报道,聚焦社会发展中涌现出来的典型事迹、先进人物,倡导真善美,引领社会舆论,促进社会的发展和进步。

对企业的新闻宣传和品牌传播而言,后者更是发力的重点,成为企业品牌传播着力挖掘的重点。在浙江多地遭遇天灾、省内大范围停电的特殊时刻,《风雨中,他们是谁的儿女,又是谁的父母……》通过讲述以田汉霖、李永军等为代表的国网浙江电力全体员工"舍小家,为大家"、勇战台风"利奇马"的英勇事迹,向全社会展现了一幅"风雨无情,人间有情"的感人画面,为浙江人民勠力同心、共克时艰注入了一针强心剂,堪称建设性新闻报道的典范。

一、找准共情,打开读者心扉,架起沟通桥梁

每当各类灾害来临,尤其是当重大自然灾害造成的影响短时间内难以消除时,老百姓在恐慌情绪的作用下,难免会对政府、相关机构为救灾所做的工作产生或多或少的质疑和不满。此时,无论是新闻媒体机构,还是援助机构的新闻宣传部门能否发挥建设性作用,缓和矛盾冲突,在政府、机构和民众之间架起有效沟通的桥梁便至关重要。建设性新闻理念与习近平总书记所提出的"新闻舆论工作要坚持正确的舆论导向"这一理念不谋而合。它强调在新闻报道中要有面向未来的视野,主张新闻媒体和宣传机构应当通过发掘新闻事件中积极向上的因素,在解决社会问题的过程中发挥建设性作用。而找准共情点,打开读者心扉则是该篇报道发挥其建设性作用的第一步。

文章通过连续的两个设问"谁的儿女""谁的父母"使读者意识到在狂

风暴雨中奋战的电力抢修人员和自己一样,都是有家有室、有血有肉的普通人。而正是这些普通人,为了早日恢复供电,有的因急切而失声痛哭,有的在大雨中高空作业,有的拼尽全力,有的风餐露宿……通过救灾一线场景的再现——"这么多线路跳了,我尽力了,但还是感到无能为力""我不要休息,还有那么多事情要做,我哪能睡得着""雨下了一整夜,他们也忙了一整晚"——带领读者进一步切身感受电力抢修人员的艰辛与不易。

这样一来便在民众心里架构起了一座有效沟通的桥梁——通过一幅幅震撼人心的照片、一段段感人至深的文字,政府和供电企业为救灾所做的努力能够被民众所看到,民众也从政府和供电企业竭尽全力的态度中感受到了党领导下的政府是真正"权为民所用、情为民所系、利为民所谋"的政府,供电企业是"国之大者""责任担当"的现代央企,从而愿意给政府、给供电企业、给平凡而又伟大的电力抢修人员多一些时间、多一些理解、多一些支持。

二、传递真情,激发正能量,引领舆论导向

习近平总书记指出,团结稳定鼓劲、正面宣传为主,是党的新闻舆论工作必须遵循的基本方针。没有团结稳定,什么事情也做不成。在有关抢险救灾的新闻报道中,这一点尤其重要。处在灾区的人民群众,需要的除了是对少数不作为、援助不力的批评报道外,更需要反映灾区全面情况、救援救助工作进展、消除不确定性、缓解恐慌情绪的客观报道,需要能够激发斗志、战胜灾难、充满正能量的正面报道。这种正面报道能够提供黑暗中的曙光,引领受灾群众尽早恢复正常生产生活秩序,走向光明的未来。

但与此同时,总书记也强调:"'忠信谨慎,此德义之基也。虚无谲诡,此乱道之根也。'真实性是新闻的生命,事实是新闻的本源,虚假是新闻的天敌。"正面报道绝不等于虚假报道,坚持正确的舆论导向,引领社会舆论离不开真实,更离不开真情。

"李永军连忙从值班室来到门岗,只见门口放着一大锅粥和一大箱馒头包子,还有咸蛋榨菜。"老百姓送给救灾人员,送给国网浙江电力一线员工的不仅仅是一锅用心熬出来的"粥",不仅仅是一碗热腾腾的"面",更是一份在此特殊时节令人倍感温暖的真情真意。结尾处的"小e想和大家说一声"

达到了情感的最高潮:"如果您家还没有来电,请多一份理解,多一份耐心!他们正在尽最大的努力,以最短的时间修复故障。"

"江山就是人民,人民就是江山。中国共产党领导人民打江山、守江山,守的是人民的心。"这篇报道充分展现了党领导下的国网浙江电力在应对台风"利奇马",抢险救灾,保障居民供电过程中所体现出来的"全心全意为人民服务"的精神。通过引发读者共情,文章在政府和民众之间架起了沟通的桥梁,传递了灾难中的人间真情,从而坚持、引领了正确的舆论导向,进一步彰显了责任央企的品牌形象。

2 一场"硝烟弥漫"的战役*

因为罕见高温、来水偏枯，川渝遭遇"史上最严峻"电力保供战，引发全国关注。

8月30日，在国家电网公司全力协调调动其他省级电网大力支援下，四川全部大工业、一般工商业恢复正常供电，重庆取消有序用电和商业节约用电措施，川渝严峻的电力保供形势得以缓解。

就在全国目光聚集在川渝之地时，千里之外的浙江，也刚刚经历一场团结协作、战况空前激烈的电力供应保卫战。

高温叠加经济回温，让浙江电力保供压力爆棚

7月伊始，一波历史罕见高温入侵长江中下游地区，川渝鄂赣江浙沪，被串成一串放在烈日下炙烤。浙江一度包揽全国高温榜前十。

网友纷纷自嘲，40℃不配在榜上拥有名字。

高温，让浙江的电力需求瞬间飙升，浙江最高用电负荷径直冲破历史峰值。以一省负荷，将德国、法国等西方发达国家甩在身后。

（来源：中央气象台）

---

* 本文为融媒体中心发布于"浙电e家"，发布时间为2022-09-01，略作改动。

叠加经济回温，浙江用电负荷多次逼近甚至达到供电极值，供需矛盾异常尖锐，保电压力接近爆棚。

年初的上海疫情，对全国经济影响巨大。作为中国革命红船起航地、沿海发达省份、国家财政的"钱袋子"，浙江和浙江经济必须扛得牢、顶得住、增得稳，为国家发展大局贡献浙江力量、展现浙江担当。

这是无上光荣的使命，也是无比沉重的担子。因此，下半年浙江经济急需补血，来弥补6月"落下"的功课，争取期末交上一份满意的答卷。

经济发展，能源先行。今夏浙江电力人身上的保供担子异常沉重。

而突如其来的高温，不但让人感受到身体上的灼热，保障老百姓清凉度夏和经济发展用能需求，也让政府和供电公司感到压力之大、责任之重。

最困难时，电力增供之路近乎山穷水尽

浙江的电力增供，远比想象中艰难。面对节节攀升的负荷，政府和供电公司早早就坐不住了。省政府分管领导带队到全国各地跑电。华东、华北，到遥远的大西北……努力争取哪怕1千瓦电。

但对于一个全年GDP7.35万亿、常住人口6 540万、一次能源极其匮乏、最高负荷突破1亿千瓦且处于电网末端的经济大省来说，要在罕见高温下保障全省电力安全供给，难度可想而知。

7月，浙江全社会用电量625亿度，同比增长11.05%。此时，省内所有机组发电值已全部拉满。统调煤机最大出力4 200万千瓦、燃机最大出力917万千瓦，都已至极限，再往前半步，就可能触发严重的安全风险。

作为省内最大火电厂，7月11日，浙能嘉兴发电厂最高单机负荷率超过95%。"上千人全力保障机组安全运行。"浙能集团生产安全监察部副主任朱国雷接受采访时说。

长时间发电值拉满，造成"人困机乏"，风险极高。内部人士对此忧心忡忡："要是几台百万机组出现故障，那可真是要人命的。"

省内机组全线拉满，外来电通道也全线满送。在周边各省都面临高温影响用电需求激增的情况下，今夏浙江最大外来受电达到3 790万千瓦，同比增加5.9%，创历史新高。

机组满发满送，通道全线满送。增发发不出电，增送送不进电。最困难时，浙江的电力增供之路近乎山穷水尽。

艰难时刻，勠力同心争取每1千瓦电

越是艰难，越能迸发出惊人的能量。面对前所未有的艰难时刻，浙江人都行动起来了。

发、供、用一体，政府、企业、社会协同，共同打响一场硝烟弥漫的电力保供战。

浙江省委主要领导亲自部署，浙江省政府主要领导亲自指导电力保供工作，要求全力保障居民和农业用电。国家能源局副局长余兵赴浙江协调电力保供工作，协助增购外来电。国家电网公司加强全网调度，紧急驰援浙江。浙江省发改委、能源局、经信委、电力公司等多部门单位成立保供专班，每天根据气温、省内机组发电、天然气机组出力、外来电、现货市场交易及新能源出力情况，商讨保供策略，全力保障省内用能需求。

此时，浙江也制定了"增外扩内、移峰填谷"一揽子举措，哪怕1千瓦电力，都不放过。

为了让浙江人用上电，政府和电网公司在现货市场开启了"疯狂"的"买买买"模式。中长期协议电价一度电只要几毛钱，他们在现货市场上以几倍甚至顶格的价格购买电力电量。只要有，浙江就毫不犹豫、果断出手，不惜一切代价。

浙江穷尽一切办法全力增供。利用电力置换互济：和安徽，浙江利用最高电力负荷时间差，千方百计争取到宝贵的50万千瓦，可以让50万台空调在夏日为百姓送去清凉；和重庆，绞尽脑汁利用两大水电站电力置换互济，再争取宝贵的20万千瓦。

再多一点，再多一点，哪怕多1千瓦。浙江破天荒地让灵绍特高压送电值直接拉满。"从来没发生过的事情，满功率运行意味着设备温度、电流、绝缘值等数据都处于临界值，对特高压直流工程是终极考验。"绍兴换流站现场负责人焦晨骅告诉记者。

虽然风险巨大，但，浙江已无退路。

所有入浙电力通道全线满送时，电还不够怎么办？用配网。8月1日，上海青浦的电通过10千伏配电网送到浙江嘉善。一个最高负荷上亿的大电网，现在要从上海几千千瓦地受电。

但，蚊子腿也是肉。

实在没办法，浙江甚至带着整船煤炭，到兄弟省份恳请代为发电。

浙江人的买电之路，可谓悲壮。

拼尽全力，浙江作出最艰难的决定

这个夏天的浙江，每一度电，都来得异常艰难。

在想方设法增供的同时，几万电力工人，毅然决然奔赴高温保电一线，保障电网安全平稳运行，让千辛万苦争取到的电，能够安全送到万千百姓家里。

为了让百姓不停电、少停电，国网松阳县供电公司带电作业班班长汤剑伟早上5点就开始工作，身上衣服就没有干过。

"绝缘服不透气也不隔热，穿久了跟针扎一样，火辣辣的。"汤剑伟说，"根本不晓得流了多少汗。"

白天不能停电,遇到电网消缺怎么办?通宵干。

在温州苍南,电力工人连夜鏖战,利用用电低谷,登上几十米高空,在漆黑的夜里汗如雨下。

眼看高温持续肆虐,电力缺口越来越大,再不采取果断举措,可能造成拉闸限电的严重后果。在苦苦坚守一个多月后,浙江在万分艰难中作出组织有序科学用电的决定,守住底线保民生用电。

一声令下,成百上千个大企业,义无反顾站出来,和政府、电网一起,以一句"让电于民",用机器短暂停止,换来千万人民清凉。

他们有着搞生产、谋发展的强烈愿望,但在电网安全、人民健康、社会稳定的大义面前,选择了奉献……

这个夏天,浙江人展现出的团结、自强、担当、智慧和奉献精神,再次向人们表明,浙江之所以能走在全国前列,正是因为有着坚定的大局意识、强大的精神意志,浙江的政府和企业有着强烈的社会责任和服务意识,浙江的人民有着宽容、牺牲的可贵品质。

而这种精神意志，将在支撑6 540万浙江人奔向共同富裕的征程中，继续绽放耀眼的光芒。团结、务实、智慧的浙江人能战胜任何困难。

随着高温褪去，这场历时两个多月的电力保供战暂时停兵止戈，但还远未到松懈的时候。

在能源供给上，浙江不可能一直勒紧裤带过日子，也不可能让经济发展受制于能源供给。在推动能源绿色低碳转型的基础上，在提升全社会综合能效水平的前提下，浙江依然有必要不断拓展省内能源，加快核电、清洁煤电发展，推动新能源消纳，依然有必要加快建设外电入浙大通道、省内特高压环网、省际联络线，构建智慧坚强、层次分明的骨干网架，持续增强电力供给能力。

（原作品请扫描二维码观看）

作品点评

人定胜天，捕捉浙电勠力抗击高温瞬间

2022年7月伊始，浙江出现历史罕见的持续高温天气，国网浙江电力的保供压力瞬间爆棚，一省的负荷甚至超过了德国、法国等西方发达国家，一场战高温保供电的号角由此吹响。在整个高温保电过程中，电力增供之路近乎山穷水尽，经过多方勠力同心，共同打赢了这场电力保卫战。《一场"硝烟弥漫"的战役》以时间线为顺序，讲述这场电力保卫战中的艰辛与挑战、付出与奉献，一幅幅生动画面、一个个真实细节，擦亮了"人民电业为人民"的企业金字招牌，汇聚了浙江儿女团结自强抵抗风险的精神。

一、选题：保电为题，以"经济"和"民生"彰显高度

本文以极端高温天气下浙江用电负荷多次逼近供电极值为背景，引出浙江电力此时必须同时面对两大压力——工业用电问题和居民用电问题。

就工业用电而言，"经济发展，能源先行"。浙江，作为高质量发展建设共同富裕示范区，作为国家财政的重要"钱袋子"之一，肩上承担着经济重担。经济回暖加剧了用电紧张，给浙江电力带来巨大的考验，高温下的电力保卫战更像是一场经济保卫战，而浙江电力的应战表现很可能直接影响到全省的经济成绩。

就居民用电而言，"人民电业为人民"。烈日炎炎下居民清凉用电的需求愈发加剧，保电保民生的责任也愈发重大。在危急关头，在人民最需要的时候，浙江电力的表现直观展现出企业的责任感甚至是价值观。

电力保卫战选题的背后，是国网浙江电力对促经济的不懈追求，对重民生的高度重视，是对总书记对浙江"更进一步""更快一步"的重大要求和"继续发挥先行和示范作用"的殷切期望的回应。

二、内容：时间为轴，以"组织"与"群像"展现协作

梳理本文脉络，从迎战高温天吹响电力保卫战的号角，到电力增供之路近乎山穷水尽，再到多方协同齐心打好电力保卫战，最后到在万分艰难中组织有序科学用电的行动，以时间线为顺序，将电力保卫战全过程中那些重大举措、重要事件向我们娓娓道来，读起来流畅自然。

一场战役一定是组织领导、齐心协力打赢的。文中既描述了电力保卫战中，省委领导的亲自部署，政府领导的亲自指导，浙江电力与政府部门成立保供专班；又描绘了阵地一线上，连夜鏖战、在漆黑夜里汗如雨下、身上衣服就没有干过的电力员工。整篇文章处处弥散着一种"硝烟弥漫"的氛围，同时也凸显了团结、自强、担当、智慧和奉献的浙江精神。

三、形式：图文为基，用"数字"和"画面"带来震撼

配图方面，全文虽只配了5张照片，但形式丰富多样，风格各异。电力塔架照壮阔宏伟美丽，调控大厅照充满责任使命，电力员工照则形象展示出

高温户外工作的艰辛，让读者内心一颤，"哪有什么岁月静好，不过是有人替你负重前行"。

视频方面，可谓是本文的一大亮点。米白色的色调风格简约，总分形式逻辑条理清晰，快速的剪辑营造紧张气氛。视频中，电力数据用黄色艺术字体加大加粗，直观展现了浙江电力的付出和艰辛，量化的数据带来巨大冲击力与说服力。最后三分之一实时记录了电力保卫战的真实现场，捕捉了电力员工守护万家灯火的鲜活时刻，他们用水浇在自己黝黑的脸庞上降温解暑，他们拧擦汗的毛巾竟哗啦啦地流水不停，这些真实的瞬间给读者以极大的视觉和心灵震撼。

这些融媒体制作的细节，使得此次的电力保卫战更加可触摸、可感受，夏日的记忆碎片被重新拾起，读者能透过那些丰富的、鲜活的照片和视频，看到浙江电力与浙江儿女的坚韧与拼搏，勇敢与担当。

四、影响：点赞浙电，感动与自豪深深交融在一起

本文一经发出，就迅速得到了网友们的热切回应。"浙电e家"微信公众号平台上，该作品阅读量超过10万+，点赞转发共计上千次。浙江电力在微博发布后，取得了数千点赞量，网友们纷纷夸赞国网公司与电力工人。一些行业媒体、网络论坛等也对本文进行了转发，在一次次转发中，传递出更多力量和感动。

在众多网友评论中，获得最多共鸣的是一位网友以浙江电力员工朋友的身份，讲述了浙江电力不惜一切代价购电保民生的事。高温电力保卫战已经结束，但那一个个难忘瞬间被文字和视频记录下来，历久弥新；记忆会逐渐模糊、消散，但那些精神却能在润物细无声中，越来越深刻地影响着我们，融入血液，成为文化。

整体而言，本文生动流畅，打动人心，但若每段小标题能紧扣"硝烟弥漫"的战役，提高文章的连贯性，阅读起来则会更加紧凑且更有吸引力。

3 从浙出发 "豫"你一起*

河南遭遇极端强降雨，暴雨肆虐下，人民生命财产和电力基础设施遭受严重破坏，牵动人心，危难关头各方纷纷驰援河南。

（来源：电网头条）

---

* 本文为融媒体中心陈丽莎、王晓，衢州公司张亚平、卢奇正，杭州公司李相磊，金华公司包涛发布于"浙电e家"，发布时间为2021-07-23，略作改动。

国网浙江电力在收到国家电网公司支援郑州的通知后,第一时间组织抢修力量前往支援。国网浙江电力驰援队伍到达河南郑州后,马不停蹄地投入紧张有序的抢修中。

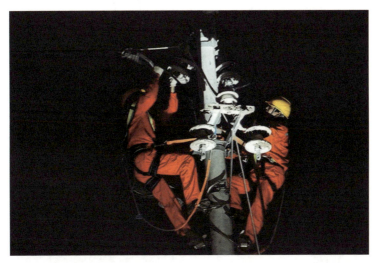

(来源:吴闯摄影)

截至目前,国网浙江电力已陆续派出223人支援河南,并配备6辆发电车以及水泵、应急照明设备、绝缘电阻测试仪、核相器、简易电缆故障探测仪、简易耐压试验设备、继电保护测试仪等设备。

国网浙江电力驰援队伍将严格遵守"水进、人退、电停,水退、人进、电通"原则,科学有序开展救灾工作,并发挥光荣传统,弘扬"红船精神",彰显"特别负责任、特别能战斗、特别能吃苦、特别能奉献"的浙电铁军风采,以召之即来、来之能战、战之必胜的决心,坚决打赢这场抢险的攻坚战。

(来源:李相磊摄影)

(来源:包涛摄影)

四、应急行动篇

除了自己用行动践行暖心之举,国网浙江电力的驰援队伍星夜兼程赶赴河南郑州,在路上也遇到了让人感动的事。

7月23日中午,国网浙江电力一支驰援河南救援队经过一夜奔波刚达到郑州高速出口,就遇到了暖心一幕。

(原文有视频,此处省略)

"对方好热情,说够了够了还一直在搬,还没问是谁,他就跑了。"一辆豫A小车,也感动了驰援队员们。

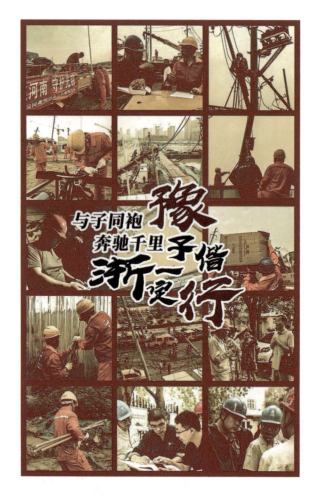

在驰援河南的同时，国网浙江电力还在积极准备应对台风"烟花"的来袭。

今年6号台风"烟花"自生成以来持续向西北方向偏移，最大可能于7月25日下午至26日凌晨在我省中北部沿海登陆，登陆时为台风级或强台风级。浙江省人民政府防汛防台抗旱指挥部已将防台风应急响应提升至Ⅱ级。按照公司台风灾害应急预案，国网浙江电力将防台风应急响应提升至Ⅱ级，并部署抢修队伍1 719支，抢修人员22 770人，抢修车辆7 600余台，抢修专用抽水泵、潜水泵1 700台，沙袋、防水挡板4.7万件。

后续，国网浙江电力将视台风对电网的影响情况，科学合理调配抢修力量，做到两战同时打、两战都要赢。

四、应急行动篇

作品点评

聚焦援豫一线　彰显浙电温情

　　2021年7月17日，河南省遭遇历史罕见特大暴雨，发生严重洪涝灾害，造成重大人员伤亡和财产损失。灾情牵动着全国人民的心，一方有难，八方支援，已然成为政府和各行各业、全体人民的共识。本新闻紧抓重大时事热点，全程记录了国网浙江电力闻令而动，集结杭州、金华、衢州等多个公司223人组成的"浙电铁军"，星夜兼程的驰援历程，及时回应了危难中保障电力供应的社会关切，树立了国家电网系统的良好形象，展现了浙电人的责任与担当。

一、标题创意：流露守望相助的真挚情感

　　"一方有难，八方支援"，团结互助是中华民族几千年以来的优秀品质。这篇报道确立了"浙电援豫"的新闻主题，但并未将其直接作为文章的标题，而是精心构思更加流露真情实感的新闻标题——《从浙出发，"豫"你一起》，源自谐音"从这出发，与你一起"，不仅非常巧妙地将两个省份的简称嵌在了标题之中，让读者能够清晰直观地了解到本篇报道的主题，而且只用了短短八个字就在字里行间自然地流露出了兄弟省份之间同舟共济、守望相助的真挚情感，在读者浏览的第一眼就拉近了彼此之间的距离。

二、形式创新：体现震撼力，加强真实感

　　图像和海报的震撼力。在移动互联网时代，技术普及应用极大降低了信息传播扩散的门槛，人人都是记者，人人都是主播，尤其当重特大突发事件发生后，各种信息充斥网络，图像、视频等更具冲突力。基于此，本则新闻有意减少文字的叙述，大量运用了图片、动图和视频素材记录抢修队伍在灾区一线奋战抢险的身影。其中，尤其值得点赞的是海报设计的运用。新闻开篇的海报设计，223人、198人、549人、443人、130人……一组组鲜红的数字代表着一个个从全国各地驰援而来的国网人，中心位置的河南地图及

"'豫'你同行"的文字则凸显了"一盘棋、一条心"的海报主题。新闻结尾的海报设计,将众多工作照集结在一起做成一张海报,在雨夜中朝着河南飞驰而去的应急抢险车辆,救援队现场办公共同仔细研讨方案,扶起因洪灾而倒伏的电线杆……以抢险群像的方式展现出了前方驰援队伍的工作风采,无论白天黑夜,那一抹亮眼的橙色都始终活跃在郑州的大街小巷。"桃李不言,下自成蹊",对于这些在危难关头挺身而出的平凡英雄,已不需要过多的文字描述和说明,此时无声胜有声,这些真实的工作场景就足以唤起广大读者心中最原始的感动和敬意。

现场影像的感染力。哪里有危难,哪里就要有共产党员冲锋在前。作为"红船精神"的诞生地,浙江省有着历史悠久的红色基因传承谱系。国网浙江电力坚持"红船精神、电力传承",以"红船"统一了全省共产党员服务队品牌并实行省、市、县公司党委三级管理,在浙江全省全面唱响"红船共产党员服务队"品牌。报道中注重突显党组织在驰援河南全过程中的"旗帜领航"作用,出征仪式的现场影像中,一幅幅红色的出征标语、一面面红色的党旗团旗、一件件红色的"红船"马甲、一句句红色的庄严誓词……体现出"有我浙电铁军,请党放心!"的浙电气势,彰显出共产党员"全心全意为人民服务"的初心使命,展现出国网浙江电力党员骨干队伍和团员青年突击队的独特风采。接过鲜红的党旗、团旗,救援队扛起的是沉甸甸的责任与担当,要让党旗始终高高飘扬在救援抢险的第一线,要以实际行动在这场救援大考中擦亮自身的鲜红底色,无愧于"人民电业为人民"的企业宗旨。

微信朋友圈的真实感。除了以客观真实的视角将救援队在郑州一线的故事向读者娓娓道来之外,报道中还晒出了一线工作者的微信朋友圈,以第一人称的视角记录下了援豫过程中队员的所见所闻和他们最真实的内心感受。评论区里一句"午餐、高速免费,威武我大中原",体现了队员们对河南人民关心与关爱的感激之情。

花絮细节的意外感。随手拍摄的一段视频《暖!郑州车主看到援豫车队送水就跑》,虽然从技术上来看显得并不"专业",但却真实记录了这一令人暖心的善举,折射出郑州人民、河南人民对于救援队员由衷的感激之情,充分体现出"浙豫一家亲"的温暖。

三、结尾升华：未雨绸缪，展示能力与信心

在最后一段，报道明确指出在对外支援郑州的同时，浙江省内还面临着台风"烟花"的考验，这就显得国网浙江电力的千里驰援愈加弥足珍贵，体现出浙电人服从大局、先人后己的宝贵品质。"两战同时打、两战都要赢"，正是浙电人向浙豫两地人民许下的庄重誓言，展示出国网浙江电力打好这场防台风抗台风攻坚战，守护之江大地一方平安的能力与信心，进一步升华了全篇报道的主题。

四、传播效果：得到大众广泛认可与支持

从社会效应方面来看，本篇报道的阅读量已有10万+，其中穿插的两条视频也分别收获了7.6万和2.8万的点赞数。在两条视频的评论区，绝大多数留言都在感谢浙电人的辛勤付出和称赞车主的善举，充分说明本篇报道在社会层面已经引起了较大的反响，也说明了国家电网和浙电人得到了社会公众的广泛认可与支持。

4 | 热作为：不易之年，你看到怎样的央企？*

2020年，疫情降临，席卷所有人，直至今日仍未结束。疫情之下，万物皆是命运共同体。从隔离封锁到日渐燃起的人间烟火，在全社会全行业共克时艰的进程中，央企扮演了怎样的角色？

"兼济天下"：打破"孤岛"

（来源：王伟摄影）

危难时刻，我们看到央企毅然决然地站了出来，彰显了"大国重器""顶梁柱"之用。积极帮扶中小微企业回血，让他们更快走出"孤岛"。

拿国网浙江电力来说，这些行动就很及时。

首先，真金白银减免电费。

贯彻落实国家阶段性优惠电价政策及促进国家电网公司相关举措落地，在2月1日至6月30日期间，按去年同期用电量计算，国网浙江电力预计累计为浙江企业节省电费支出超55亿元。

---

* 本文为融媒体中心陈丽莎发布于"浙电e家"，发布时间为2020-05-11，略作改动。

应用电力大数据，国网浙江电力在杭州试点上线全国首个"转供电费码"，将政策"红利"及时足额传导至终端用户，疏通转供电环节不合理加价的堵点，打通减费降价"最后一公里"。

现在，这个码已向浙江全省延伸，截至目前，全省"转供电费码"累计申报用户数43 497户，其中红码3 165户，黄码508户，绿码39 824户，共查处违规电费金额1 100余万元，已完成退费253万元。

其次，助推全产业链恢复生机。

除了直接降费"雪中送炭"，助力打造全产业链稳定运行环境，也是在为中小微企业发展复苏送去"阳光雨露"。

此前，在"企业复工电力指数"的应用中，除了准确反映全行业复工复产情况，国网浙江电力还对各行业进行纵深观察，分析各行业上下游全产业链复工复产情况，帮助解决产业链配套"卡脖子"难题，助力产业链各环节协同复工复产。

当前，面对严峻复杂形势，中小微企业生存与发展问题十分凸显。为做好"六稳"工作，落实"六保"任务，切实为中小微企业纾困，国家电网公司发挥自身作为供应链"核心企业"的优势，依托"国家主权级信用评级"的优良信用优势，在浙江试点首创推出基于区块链技术的供应链金融服务，将央企优良信用穿透供应链，让处在供应链末端的中小微企业迅速获得优质融资，为当前我国切实解决中小微企业融资难、融资贵、融资慢问题提供了可复制可推广的方案。

最后，"硬核"提振士气。

早在复工复产首日（2月10日），浙江企业电力复工指数为25.42，从地区看，舟山指数最高，已达到63.54。分析数据可知，这是由于舟山绿色石化项目总体抬升复工指数，如果剔除鱼山石化影响，舟山的复工指数为44.93，从中可见重大项目拉动力之强劲。而拉动力的背后是充足的能源供应。

位于舟山鱼山岛的浙江绿色石化基地是目前世界上投资最大的单体产业项目，年加工原油2 000万吨。

鱼山石化项目是目前世界上投资最大的单体产业项目，项目建成后将成

（来源：张帆摄影）

四、应急行动篇

为浙江省乃至长三角地区石化产业新的增长极。鱼山电网建设提前按下"加速键",助力鱼山石化全面复工。

5月4日下午2点,从舟山本岛马目下海的长达18.35公里的220千伏鱼山第三回路最后一根海底电缆,历时4天4夜成功登陆鱼山岛东部海堤,这标志着220千伏舟山至鱼山第三回路海底电缆敷设工程圆满收官。

三回路海缆工程的敷设完成,将极大满足鱼山石化基地建设用电需求,推动我国海洋经济扬帆远航,更在特殊时期有着提振信心与鼓舞士气之意。

回顾过去的几个月,连同特高压在内的电网工程率先开复工,释放了乘数效应,确保了一系列工程、企业顺利复工复产,形成"大齿轮"驱动力,带动上下游回归正轨,助推经济快速"重启",也让就业拉动产生良性循环。

这,就是"大国重器""顶梁柱"的"带货"力量。

放眼全球,疫情还在蔓延,世界经济进入"危机模式"。

中国央企逆行出征,也为世界经济稳定贡献力量。3月23日,由中国央企负责施工的乌兹别克斯坦电站3座水电站技改项目的首台机组,抢在首都塔什干市"封城"前最后一刻,完成全部并网发电试验,有力保障该国在"非常时期"首都地区民用及医疗电力供应。有序进行中的巴基斯坦默蒂亚里—拉合尔±660千伏直流输电工程,为境内外导线、铁塔、金具等行业近40家上下游厂商的复工复产增强信心。在沙特,智能电表项目顺利推进,服务共建"一带一路"。国网青田县供电公司通过在米兰的营业厅给当地华人和意大利人分发防疫物资,彰显中国担当。

5月8日,意大利米兰警察总部综合预防(防疫)办事处首席执行官萨尔瓦多·阿尼亚在收到国网青田县供电公司援助的防疫物资后,向该公司发来诚挚的感谢信。

这,就是"大国重器""顶梁柱"的胸怀。

（来源：王幕宾摄影）

"大国重器""顶梁柱"的作用也体现在抗疫的每一个现场。

疫情期间，医护人员奋战一线。与此同时，怀着责任与担当的央企也挺身而出，为国家为人民而战，共同阻击疫情。

他们是保障基础产品供应的主力。电网、电信、石化、煤炭、航空、粮油等行业央企全力保障民生供应，确保经济大动脉畅通。

他们与时间赛跑。7天——这是国网温州供电公司从接到任务到建成温州版"火神山"医院总配电室的时间。即便正常施工条件下，至少也要半个月。但在疫情严重、物资困难、人员紧缺的极端情况下，他们创造了"一周内交付"的神速。

受疫情影响，湖北多地农产品滞销严重。化解滞销，便是为当地人民带去一份新的希望。响应国家号召，国家电网集中采购湖北滞销农产品，总价值超1 200万元，践行消费扶贫。促进"六稳""六保"，也有他们不遗余力的身影。

这，就是"大国重器""顶梁柱"的时刻在场。

"也善其身"：创新谋变

一场疫情，照见央企不惜代价的奉献与情怀。

但，全球经济牵一发而动全身。疫情造成全球经济下行风险加剧，包括中国央企在内，也都面临着前所未有的挑战。

而浙江，作为外向型经济大省，2019年外贸依存度接近50%，境外疫情的传导影响不容小觑，潜在经济运行风险陡增。如何对冲疫情影响、扩大有效投资、拉动经济增长、提升抗风险能力，是摆在每一个经济主体面前的

四、应急行动篇 ◀◀◀◀◀

（来源：王幕宾摄影）

考卷。

疫情之下，有助于培育竞争发展新优势的新基建站上风口。国家电网也在紧抓数字经济重塑经济格局的重要机遇。

在国网浙江电力，以5G网络、大数据中心、人工智能、工业互联网等为代表的新型数字基础设施，已经展开布局。

国网浙江电力大数据已在网上国网、智慧供应链、复工复产指数等方面发挥关键作用,不仅推动企业和电网数字化转型,同时也为浙江省数字经济"一号工程"提供支撑。

在杭州,城市大脑电力数字驾驶舱上线,为城市治理提供决策,AI配网调度员在配网分支线调度中实现调度员100%替代,完成"机器代人"。在湖州,基于5G的特高压密集输电通道无人机巡检开展,实现无人机自主巡检和智能诊断。

国网浙江电力还与地方政府及企业共同探索城市数字资源共享模式,已在部分地区为城市规划、能源双控和数字化转型等方面提供支撑,平稳推进工业互联网建设。

今年,国网浙江电力还将整体谋划新型数字基础设施建设目标和演进路线，并纳入该公司"十四五"数字化发展规划，推进数据中心、5G和人工智能、区块链应用等重点领域攻坚突破，依托新型数字基础设施持续提升"企业算力"，支撑海量资源被唤醒、源网荷储全交互、安全效率双提升的多元融合高弹性电网建设。这些创新，都在为自身谋变破局添加新砝码。

这，就是"大国重器""顶梁柱"的智慧。

有"加法"，也有"减法"。为深化提质增效，国网浙江电力树立"节约的能源是最清洁的能源，节省的投资是最高效的投资，唤醒的资源是最优质的资源"的理念，探索开放开源的科学经营模式，从挖掘资产资源价值出发，在国家电网公司系统内首家创新开展逾龄资产融资性售后回租，唤醒"沉睡"的资源，通过减法再达增收，激发国有资本活力与竞争力。

国网浙江电力还将加快推进电力体制改革、国资国企改革，深化内部管理变革，通过瘦身健体和创新体制机制，激活一池春水，实现高质量发展。

这，就是"大国重器""顶梁柱"的作为。

从浩瀚星空到深邃海底，从世界最先进的输电技术特高压到引领核心技术产业发展的各大"国产之光"……

"大国重器"，有国之顶梁之重。但它也有智慧灵巧之轻，更有柔情之暖，这源于它"为国为民"的底色。

"后疫情"时代，拥抱扑面而来的数字化转型浪潮，踏入新蓝海，化危为机，并用新技术赋能温情让大爱延续，这，或许是央企"内外兼修"的一大新方向。

浮云渐散，且奔涌且逐浪。

作品点评

聚焦大国重器，彰显制度优势

制度优势是一个国家的最大优势，制度竞争是国家间最根本的竞争。"中国特色社会主义制度，是当代中国发展进步的根本制度保障，集中体现了中国特色社会主义的特点和优势。"因此，新闻宣传不断优化传播策略和报道方式、丰富传播内容，创作出有观点、有温度、有高度的新闻作品，能够使人民群众更加直观深刻地感受到中国特色社会主义制度的优越性,是党领导下的新闻宣传机构、新闻宣传工作者以及央企国企新闻宣传工作的重要职责。《热作为:不易之年,你看到怎样的央企?》通过梳理总结以国网浙江电力为代表的众多国企在2020年疫情期间的"热作为",充分彰显了我国社会主义市场经济体制的优越性。文章中所列举的一组组翔实的数据,展示了国网浙江电力一份份傲人的成绩,充分彰显了中国特色社会主义制度的优势,字里行间洋溢着强烈的制度自信。

一、有观点:国企"热"作为

随着市场经济改革的不断深入,各类民营企业在国家相关政策的大力扶持下日渐活跃。尤其是在后疫情时代,民营企业在增加就业岗位、推动经济复苏方面被全社会给予高度的赞誉。相比之下,"俯首甘为孺子牛"的国企在助力疫情保卫战、提振经济中的巨大作用却往往容易被社会所忽视。文章中一个简单的"热"字,鲜明表达了作者的立场观点:从隔离封锁到日渐燃起的人间烟火,对于国企在助力全社会走出至暗时刻的"热作为",我们不应"只予匆匆一瞥"。

"兼济天下:打破'孤岛'"是文章对国网浙江电力"热作为"的高度概括。在2020年2月1日至6月30日期间,国网浙江电力预计累计为浙江企业节省电费支出超55亿元。"真金白银减免电费",贯彻落实国家阶段性优惠电价政策,是国网浙江电力的第一项"热作为"。"在浙江试点首创推出基于区块链技术的供应链金融服务,将央企优良信用穿透供应链,让处在供应链末端的中小微企业迅速获得优质融资,为当前我国切实解决中小微企业融资难、融资贵、融资慢问题提供了可复制可推广的方案。""助推全产业链恢复生机"是国网浙江电力的第二项"热作为"。"连同特高压在内的电网工程率先开复工,释放了乘数效应,确保了一系列工程、企业顺利复工复产,形成'大齿轮'驱动力,带动上下游回归正轨,助推经济快速'重启',也让就业拉动产生良性循环。""'硬核'提振士气"是国网浙江电力的第三项"热作为"。

贡献真金白银、助推全产业链恢复生机、硬核提振士气……国企为"战疫"所做的一系列贡献,担得起一个"热"字。

二、有温度：为民是底色

"江山就是人民，人民就是江山。"党领导下的国企最重要的目标就是实现好、维护好、发展好最广大人民的根本利益。全文从始至终都贯彻着一个"民"字，在字里行间无不洋溢着国企与民企、政府与民众之间勠力同心、携手共克时艰的脉脉温情。

正如文章所言，疫情期间，逆行的不仅有"白衣天使"，"怀着责任与担当的央企也挺身而出，为国家为人民而战，共同阻击疫情"。他们是保障基础产品供应的"主力"——"电网、电信、石化、煤炭、航空、粮油等行业央企全力保障民生供应，确保经济大动脉畅通"；他们是与时间赛跑的"勇士"——即便正常施工条件下，至少也要半个月的温州版"火神山"医院总配电室，在疫情严重、物资困难、人员紧缺的极端情况下，竟在"一周内交付"，堪称神速；他们更是人民群众的"新希望"——采购湖北滞销农产品总价值超1 200万元，大大缓解了疫情期间湖北多地农产品滞销严重的问题，为当地民众解了燃眉之急。无论是保障民生，还是建设方舱医院总配电室，抑或是采购滞销农产品，都尽显国企为民之底色。

三、有高度：制度是保障

在疫情全球肆虐的最紧张时刻，中国风景独好，广大人民群众的生命安全得到充分保护，充分体现"中国特色社会主义制度是当代中国发展进步的根本保证"。文章在回顾总结国企"热"作为的过程中，始终紧扣着一个核心思想，即中国特色社会主义制度是中国取得"疫情保卫战"胜利的关键，为国企"热"作为提供了重要的制度保障。

中国特色社会主义制度的优势体现在"以民为本"——"政府对我们进行了帮扶，减免水电费、员工社保等，让我们减轻负担，我们有信心渡过眼前的难关"；中国特色社会主义制度的优势体现在"集中力量办大事"——后疫情时代，加速建设"鱼山电网""敷设三回路海缆工程"，推动"鱼山石化项目"复工。

"大国重器"，有国之顶梁之重，但它也有智慧灵巧之轻，更有柔情之暖，这源于它"为国为民"的底色，而国企这一切特质，归根到底都离不开党的领导，中国特色社会主义制度的最大优势也恰恰是中国共产党的领导。

五、社会责任篇

　　电力,是保障基础产品供应的"主力军",是社会经济整体发展状况的"晴雨表"。电网企业紧扣服务社会经济发展大局和人民美好生活需要,不断完善公司社会责任管理体系,将社会责任理念融入到企业战略和日常运营,加快构建新型电力系统,积极推进"双碳"目标落地实践,持续优化用电营商环境,有效提升用户电力获得感,全面履行政治、经济、社会"三大责任",生动展现了"人民电业为人民"的赤热初心,有力彰显了"大国重器"的责任与担当。

1 总书记浙江考察中的电力"声音"*

阳春三月，烟雨江南，忽而花开，中共中央总书记、国家主席、中央军委主席习近平再次回到了他曾经工作过6年的浙江。2020年3月29日至4月1日，习近平在浙江省委书记车俊和省长袁家军陪同下，先后来到宁波、湖州、杭州等地，深入港口、企业、农村、生态湿地等，就统筹推进新冠肺炎疫情防控和经济社会发展工作进行调研。

从货物吞吐量世界第一的宁波舟山港，到中小型民营制造业聚集的北仑大碶高端汽配模具园区；从"两山理论"发源地湖州市安吉县天荒坪镇余村村，到矛盾纠纷化解率达90%以上的安吉县社会矛盾纠纷调处化解中心；从全国首个国家湿地公园的杭州西溪国家湿地公园，到推出了"健康码"的杭州城市大脑运营指挥中心；再到听取浙江省委和省政府工作汇报……总书记步履不停，行程满满。

跟随总书记的脚步，看到浙江复工复产、社会治理、生态文明建设的"闪光之处"，看到过去、现在和未来，也听到其中的"电力声音"。

复工复产下的央企力量

3月29日，习近平考察了宁波舟山港穿山港区和宁波北仑大碶高端汽配模具园区。前者是货物吞吐量连续11年居世界第一的东方大港，2020年前2月累计完成货物吞吐量1.63亿吨；后者是中小型民营制造业聚集地，园区内共有77家企业入驻。

---

* 本文为徐俊钐、单宋佳、求力、茹玉发布于《中国电力报》，发布时间为2020-04-02，略作改动。

宁波舟山港，处于"丝绸之路经济带"和"21世纪海上丝绸之路"交汇点，在共建"一带一路"、长江经济带发展、长三角一体化发展等国家战略中具有重要地位。

为推动港口绿色发展，国网浙江省电力公司和国网宁波供电公司自2010年起，就开始陆续在宁波舟山港推进港口龙门吊油改电、低压岸电等建设改造。2015年，高压岸电提上日程。现在，宁波舟山港已建成投运8套港口高压岸电系统，在建1套高压岸电系统，累计供电容量达47.6兆伏安。

复工复产以来，穿山港区采取措施及早恢复了生产，港口吞吐量已逐步恢复至日常水平。今年前2个月，宁波舟山港累计完成货物吞吐量1.63亿吨，为去年同期的98%以上；完成集装箱吞吐量406万标准箱，恢复到去年同期的近九成。

离开港区，总书记前往宁波北仑大碶高端汽配模具园区，考察中小型民营制造业企业宁波臻至机械模具有限公司，听取企业生产经营及复工复产情况介绍。在同中小企业负责人代表等交流时，总书记为大家鼓舞信心："我们已经出台了一系列政策的组合拳，随着形势变化还会及时进行完善，推出更多有针对性的措施，帮助中小企业尽快恢复生产并有新的发展。"

不少中小企业也都感受到了这些"组合拳"带来的信心。这不，臻至机械模具公司总经理张群峰就在热火朝天的车间里告诉总书记："政府对我们进行了帮扶，减免水电费、员工社保等，让我们减轻负担。我们有信心渡过眼前的难关。"

2月22日，国家电网有限公司党组专题研究出台八项举措，明确以最快速度、最有力行动，坚决执行并落实中央阶段性降低用电成本政策。国网浙江电力第一时间贯彻落实，不折不扣执行。今年2月到3月，臻至公司累计降低用电成本支出5万元；而整个园区中，有76家企业符合政策要求，已累计享受到200万元的用电成本优惠。

国网宁波供电公司算过一笔账，落实好阶段性降低用电成本政策，将累计帮助宁波相关企业降低用电成本9.9亿元。从浙江省来看，这个数字将超过55亿。

总书记在考察时强调，民营企业、中小企业在我国发展特别是产业发展中具有重要地位。为了支持实体经济发展，尤其是帮助中小企业努力应对疫情挑战，国网浙江电力还陆续出台了一系列的"组合拳"。国网宁波供电公司就陆续推出了20项惠民助企举措，"服务政府、服务中小微企业、服务重大项目"的"三服务"专项行动，"电力+金融"精准放贷服务等，拳拳见实效。

对企业来说，现金流是王道。但实际上，很多中小微企业在发展过程中会遇到融资难、融资慢、融资贵的问题。而这个问题，对于在疫情期间已经出现现金流紧张的中小微企业来讲，基本上就是"灭顶之灾"了。

关节在银行。国网宁波供电公司主动对接中国人民银行，以及建设银行、中国银行、工商银行等商业银行，通过融合电力用户用电量、用电趋势、电费交纳信用等电力大数据，促进银行普惠金融与电力大数据相结合，由银行定向开发中小微企业信贷产品。

社会治理中的电力数据

总书记指出，这次抗击新冠肺炎疫情，是对国家治理体系和治理能力的一次大考。浙江行，他去了湖州安吉县社会矛盾纠纷调处化解中心，杭州城市大脑运营指挥中心，都在聚焦社会治理。

一走进位于云栖小镇的杭州城市大脑运营指挥中心，"要运用大数据提升国家治理现代化水平"的大字就进入视野。中心的电子大屏幕上，实时更新着杭州的各种数据。"城市大脑"已经成为杭州城市治理的"数字化基础设施"。

总书记在杭州供电系统数字驾驶舱系统界面前，驻足观看电力大数据在流动人口风险分析、企业复工、独居老人关爱等推进城市治理能力现代化的应用展示，频频点头。浙江省委常委、杭州市委书记周江勇向总书记重点汇报电力大数据服务复工复产工作时说："通过供电大数据，可以了解我们整个企业复工复产情况怎么样。这个'电力大数据'曲线，就可以充分反映企业的复工复产实际用能情况。同时在3月17号，杭州市全社会的用电量已经跟去年同期持平了，说明产能已基本恢复了。"总书记听到这里称赞说"好"。

居民流动风险分析、企业复工电力指数、电力信用指数、宏观经济趋势、城市关爱独居老人……总书记面前的数字驾驶舱条块分明、数据清晰。电力消费弹性指数变化了多少，企业用电量增加了多少，老人家中有没有用电异常、需不需要帮助……这些大数据"明星产品"，折射着城市运行和百姓生活的方方面面。

到目前为止，已经有经济、生态、民生、信用4类24种电力大数据指数集成到数字驾驶舱，成为城市治理决策的重要依据。而它们的来源，则是最原始、最易被忽视的电量、电流和电压等基础数据。

这些年来，国网浙江电力专注盘活数据资产，唤醒数据价值，在创新中博得发展先机。借互联网东风开展数字化创新，国网杭州供电公司成为其中的"优生"。

2019年5月，正是在云栖小镇，杭州首个电力大数据应用——"低碳入住计划"上线城市大脑。在云栖客栈大屏上，客房电力能耗数据变得可视化，游客们扫码领取各自的"碳账单"，掀起绿色出行新风尚。接着，全国首个电力云计算民生服务"关爱独居老人"上线，通过用电特性分析，326户特殊老人有了安全状况预警。8个安置房小区被改造为未来社区，房屋空置、出租率通过电力数据分析一目了然。

从关注每一个独立的个体，到支持宏观的城市决策，国网杭州供电公司开发的经济趋势研判、清洁能源分析、城市治安管理等模块先后研发应用，电力+经济、电力+能源、电力+公安、电力+金融……一个个"+"号背后，24类电力指标数据与城市治理的方方面面"跨界融合"，为成长中的城市大脑打开了新的知识疆域，也提供了丰富的电力数据决策依据。

新冠肺炎疫情暴发后，总书记把大数据作为疫情防控救治体系中的关键一环。

国网杭州供电公司运用营销系统、用电信息采集系统监测全市430万低压用户、4.4万高压用户用电数据，按照居民外出户数、外出未归户数、当日归家户数等6类数据分析疫情扩散风险，从区域、行业、规模和重点关注等4个视角研判企业复工情况。这些电力数据上传到电力数字驾驶舱，成为杭州市委市政府统筹疫情防控和复工复产的参考。

大数据从指尖送出，传回真金白银的实惠。如今，一枚小小的红绿黄三色二维码在企业经理的手机间传看，成为复工复产中的新热点。国网杭州供电公司开发的"转供电费码"大数据应用,把小微电费信息汇聚起来,通过"用户码上查、政府码上管、供电公司码上帮",攻克了转供电环节"用户不知情、政府管不完、供电公司无权管"的历史难题,让中央的降费补贴精准落向全市40万家小微企业。

作为全国数字经济第一城的杭州,正依靠电力大数据开展金融征信,依靠电力大数据发放"亲清在线"政府补贴,依靠电力大数据摸排产业链上游堵点断点……疫情影响下,电力大数据如一把尖刀,斩断堵住企业发展和经济复苏最坚硬的结,引领更多金融信贷流向企业,成为带动企业、城市和经济社会发展不可或缺的力量。

生态文明里的绿色能源

3月30日,总书记前往湖州市安吉县天荒坪镇余村考察调研。这是他时隔15年的再次到访。

考察中,总书记走进村党群服务中心,来到田边与正在清理荷塘的村民亲切交流,走入余村第一家民宿春林山庄,详细了解余村发展情况,对他们发展绿色经济、带动村民增收致富的做法给予肯定,"余村现在取得的成绩证明,绿色发展的路子是正确的,路子选对了就要坚持走下去"。

曾经的余村,炸山开矿,办水泥厂,靠"卖石头"致富了。但好景不长,山体被破坏,水和空气都污染了。当地政府下决心进行治理,在2003年到2005年间,陆续关停矿山和水泥厂,开始封山育林,探索绿色发展新模式。

2005年8月15日,时任浙江省委书记的习近平在余村考察,充分肯定了村里的做法,并首次提出了"绿水青山就是金山银山"的发展理念。15年来,余村坚定践行这一理念,走出了一条生态美、产业兴、百姓富的可持续发展之路。

春林山庄是余村关停矿山、走绿色发展之路后创办的第一家民宿。山庄主人潘春林曾在余村矿区开拖拉机运矿石,收入也算可观。矿山关停后,他外出打工。当他回乡看到绿水回归、青山重现,当即决定返乡创业,开办了春林山庄。安吉白茶、农家好菜,再加绿水青山,很快引来八方游客,也带动了余村的旅游、民宿热。

通过大力发展集民宿、休闲旅游于一体的全域旅游，如今，余村年接待游客40万余人次，生态产业体系在这里初见雏形。15年来，余村用电量从2005年的39.82万千瓦时增长到现在的174.05万千瓦时，增长4倍多。

2019年，春林山庄的营业额超过了700万元；而全村人均收入达49 598元，村集体经济收入达521万元。

游客一多，用电量就大。春林山庄开办至今，潘春林对当地余山供电所的"管家式"服务非常满意，"从安全用电到负荷分析面面俱到"。今年，潘春林打算在淡季赶紧把部分房间再装修下，"空调也要换更大功率的。现在手机上装了'网上国网'APP，可以随时查看山庄的用电情况，非常方便"。

如今的余村，已经成为美丽中国生态文明建设进程中的一座地标。总书记在与村民们交流时说，他看好这里的发展后劲和潜力。

美丽乡村建设，电力先行。国网湖州供电公司早早为余村发展做好了能源储备。

从生态农网"一村一规划"始，加快新时代乡村电气化建设。创新生态配电网"线杆融景、变台为景"……余村的户均配变容量从3.27千伏安提升至8.6千伏安，远高于全国农村地区2020年户均配变容量不低于2.5千伏安的标准水平，新建台区绝缘化率、智能总保、智能电表覆盖率均达到100%，开发应用主动抢修功能，实现停电短信通知到户率100%，余村已经全面走上了电气化道路，成为生态配电网示范区。

国网湖州供电公司还在余村进行了民宿电气化设备改造试点，让余村用能更绿色安全，也更经济实惠。以热水全电化为例，普通热水器的热效率为80%到90%，而空气能热泵的热效率可达到400%以上。在余村打造"两山e家"电力便民服务站，把电力便民服务送到村民家门口。这里，不仅有24小时自助服务区，实现了零证件刷脸搞定20项办电事项，满足村民新装、增容等常见需求。开展"70免跑"行动，由红船党员服务队承接，为辖区内年满七十周岁的五保户老人建立"两山e家"红色服务档案，推行"电力业务全免跑"服务。

一溪绿水，一片青山，见证了15年来中国生态发展的"美丽之约"。

3月31日，总书记考察杭州西溪湿地国家公园，这是全国首个国家湿地公园。在途经炒制龙井茶摊位时，两位"传统手艺人"正在使用电炉炒茶。总书记上前观摩，鼓励他们把传统手工艺等非物质文化遗产传承好。其间，周江勇对总书记汇报说"相比以前用碳，现在电炒茶还是很方便的"。

西溪湿地，早在2018年就完成了全电景区改造，整个公园都使用了清洁绿色的电能，可以说是零污染零排放。

一村，一园，看到总书记对绿色发展、生态文明的坚定信念。

关于能源绿色低碳发展，总书记有不少重要讲话和指示精神，包括实施"四个革命、一个合作"能源安全新战略，稳步推进能源互联网建设，抢占全球能源互联网建设制高点，构建清洁低碳、安全高效的能源体系等要求。

牢记嘱托。从快马加鞭建设电网，到如今积极推进国家电网公司"建设具有中国特色国际领先的能源互联网企业"战略目标落地，国网浙江电力聚焦能源消费革命，围绕浙江清洁能源示范省创建工作，脚步一刻也未敢停歇。

总书记在浙江考察这些天，春雨绵绵，滋润万物。4月1日开始，雨止，阳光在云层间不时洒向之江大地，有一种生机勃勃的力量正在茁壮滋长。

（原作品请扫描二维码观看）

以"四力"铸就新闻"品格"

新闻记者是火把，照亮真实，用一支笔、一个镜头传递最真实的声音。"脚力、眼力、脑力、笔力"是习近平总书记对新闻工作者的期待，要求打造一支政治过硬、本领高强、求实创新、能打胜仗的宣传思想工作队伍。《总书记浙江考察中的电力"声音"》，用镜头和文字记录下这一时刻，以总书记在浙江的考察路线为写作视角，将最贴近人民的真实案例与浙江发展紧密结合，从中观察新变化、体验新生态、布局新发展，很好地将作风文风与"四力"结合，是一篇充满力量和希望的新闻作品。

一、践行"脚力"：在生活中发现，以小细节彰显大发展

"脚力"是基础。要增强群众思维，坚持实践第一。无论是职业的新闻工作者还是企业的品牌宣传人员，都要迈开双腿、深入调查研究，这样才能写出细致、真诚的优秀作品。本文跟随总书记走访的视角，以最真实的群众生活为切口，内容亲切自然。报道以潘春林经营民宿为切口，对近年开展的"乡村电气化建设"行动进行了深入描绘，不仅生动呈现了"一村一规划""70免跑"等系列举措，还全方位再现了余村作为"绿水青山就是金山银山"理念诞生地，基建与思想并进的发展局面。

整篇报道抓住群众最关心的收入、生态等问题，用实际数据让群众安心；同时又紧贴疫情发展现状与形势，让读者对"后疫情时代"复工复产充满希望。在一个个看似微小的细节中彰显了发展动态，不仅让报道更接地气、聚人气，还让作品有温度、有力量。

二、提升"眼力"：在实践中发掘，以民生反映社会共识

"眼力"是关键。新闻宣传工作人员要增强政治思维、战略思维，做到看得清、看得透、看得远。要达到既见人之所见，又见人之所未见的境界，必须高度关注社会热点、发展难点、民生焦点，多方面、多角度观察问题。本文始终聚焦改革要点和发展重点，多维度、多角度地描绘发展成就。由总书记对宁波汽配模具园区的考察链接到"电力+金融"精准放贷的扶持政策，由对湖州安吉县余村的走访突出"绿水青山就是金山银山"的生态发展理念到总书记对杭州西溪湿地的赞美突出"电力大数据技术"的发展贡献。

由微观问题联想到宏观决策的写作思路，展现出群众获得感和幸福感的同时，也体现了对各项发展政策的深刻洞悉，同时该报道也使浙江人民从字里行间对各项重要理念有了更加深刻的认识和体悟，从而更好地感受时代的脉动，热情讴歌国家发展。

三、增强"脑力":在思考中成长,以理论丰富内容框架

"脑力"是核心。新闻宣传工作人员要增强历史思维、辩证思维,坚持正确导向,保持清醒坚定。而写作的关键之一就是精准把握"时效度"。本文时刻把握发展大局,聚焦创新发展理念,由浅至深,娓娓道来。

首先是"时",该报道借总书记走访浙江的节点,围绕生态发展、战略建设的中心,把每个题材都放到了党和国家工作大局中统筹考虑,这是对15年来城市发展和电力建设的总结,也是对未来发展的期望,以"15年"作为节点,把握了报道的最佳时机;其次是"效",该报道遵循新闻报道的规律,讲求实效,采用透明数字与真实案例相结合的方式,润物细无声,使报道更具可读性和可信性;最后是"度",无论是版面的整体设计,还是图片和文字的得当布局,都恰到好处。

四、锤炼"笔力":在细节中眺望,以真实唤起情感需求

"笔力"是落点。笔力是新闻工作者的基本功,也是脚力、眼力和脑力的综合体现。只有不断提高笔力,才能把脚力所到之处、眼力所见之美、脑力所思之深综合地呈现出来。本文运用极其细腻的笔触,在梳理浙江15年发展的同时,也描绘了发展中的"电力声音",并且善于运用文字、图片等元素进行表达,内容丰富多彩。

全篇感受到了诗性的文字之美、时空交错的纵深感和量化的发展成效。首先是诗性的文字之美,在文章开头,用两三句简单的环境描写,既写出了江南水乡的婉约柔美,又写出了家乡在保护生态环境建设中取得的卓越成效,一幅诗画般的江南美景跃然纸上;其次是时空交错的纵深感,以时间为线,梳理了从2003年发展至今宁波、湖州、杭州三地取得的成就,配上今昔对比的图片,3D的发展蓝图呈现在读者眼前,仿佛就置身于西溪湿地中;最后是量化的发展成效,"累计供电容量达47.6兆伏安""享受到200万的用电成本优惠",用最直观的数字展示发展历程,是记录,也是成就。

2 | 壮美画卷徐徐铺展
——国家电网支持浙江高质量发展建设共同富裕示范区周年回望*

治国之道，富民为始。

新中国成立之初，毛泽东论述国家富强时就指出："这个富，是共同的富，这个强，是共同的强，大家都有份。"历史车轮滚滚向前。从站起来，到吃饱穿暖，从走出贫困，到全面小康，直至来到"两个一百年"奋斗目标的交汇点，在党的团结带领下，14多亿中国人的脚步正式向"共同富裕"迈进。

共同富裕是社会主义的本质要求，是中国式现代化的重要特征。习近平总书记说，实现共同富裕的目标，首先要通过全国人民共同奋斗把"蛋糕"做大做好，然后通过合理的制度安排正确处理增长和分配关系，把"蛋糕"切好分

---

* 本文为融媒体中心徐俊钐发布于"浙电e家"，发布时间为2022-05-20，略作改动。

好。2021年5月20日,《中共中央 国务院关于支持浙江高质量发展建设共同富裕示范区的意见》文件发布,要求浙江到2035年"基本实现共同富裕",为全国推动共同富裕提供省域范例。回望这一年,浙江正聚焦破解共同富裕普遍性难题新题,在各领域全方位探索实践。

没有先例可循。实现共同富裕的宏大战略中,能源领域当如何担当作为?一年来,国家电网一系列创新举措和工作部署落子浙江,以实际行动为支持浙江高质量发展建设共同富裕示范区贡献国网智慧与国网力量。

稳住"做大蛋糕"的压舱石

发展始终是硬道理。实现共同富裕的前提基础,还是要聚精会神搞建设,把"蛋糕"继续做大,不断为人民群众的获得感、幸福感增加"成色",交出发展的"高分报表"。"高分"需要强劲动能作为引擎。在率先探路共同富裕的当下,浙江不得不面临能源资源禀赋不足、"螺蛳壳里做道场"的困境。简而言之,电从哪里来?国家电网的回答是:电从远方来,电在身边挖。

巍巍山峦间,银线穿云海
(来源:杨成摄影)

电从远方来。浙江外来电大约占全社会用电量的三分之一。2021年,浙江全年外购电量达1 766.9亿千瓦时,最大外来电力达3 578万千瓦,相当于为浙江争取了约1.7个三峡水电站全年的发电量。多渠道拓展区外清洁电力入浙,是浙江能源发展的必走之路。国家电网以特高压骨干网架建设"能源高速公路",打通了祖国东西南北间的资源优化配置通道,让电能得以

"纵横四海"。

这个5月,浙北山区的高山深谷间,又多了一座座耸立的铁塔。伴随着机械设备的轰鸣,一段段导线将高塔不断串联,±800千伏白鹤滩—浙江特高压直流输电工程正在加速推进。不久的将来,来自祖国西南的白鹤滩水电将直送浙江,为共同富裕示范区建设"添砖加瓦"。

白鹤滩—浙江 ±800千伏特高压直流输电工程吴兴段
(来源:张兴苗摄影)

白鹤滩—浙江 ±800千伏特高压工程跨越京杭大运河
(来源:胡飞达摄影)

还有一个好消息是，国家能源局此前明确，甘肃河西第二条特高压直流工程落点浙江，并同步纳入国家"十四五"电力规划。这意味着，来自腾格尔沙漠边缘的风电也将成为浙江共同富裕路上的一盏盏明灯。

电在身边挖。浙江省能源发展规划明确，"十四五"期间，浙江将新增装机约3 575万千瓦，非化石能源装机比重逐步提高到45%左右，非化石能源消纳电量占全社会用电量40%左右。

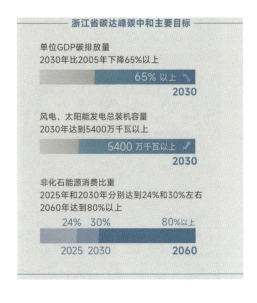

国家电网坚持经济发展、电力先行，适度超前发展电网，对浙江电网的投资向来"不吝啬"。2021年完成353.9亿固定资产投资，2022年又下达电网基建投资计划400亿元，以支持浙江加快电网设施升级，畅通省内输电"经络"，推动电力系统向适应高比例新能源方向转型。

在立志建成华东抽水蓄能基地的丽水，国家电网投资超60亿元的500千伏丽西变正如火如荼建设中，还在扩容中的"绿色能源虚拟电厂"则发挥其灵活调节作用，让众多小水电就地平衡能力和可再生能源就地消纳水平不断增强。在温州，一个围绕清洁能源、输电网架、可调节资源三个"千万千瓦"级为目标的自适应系统行动方案正在落地推进。

内外联手的组合拳，保障了浙江探路共同富裕的能源所需。用电数据记录下发展的脚步。2021年，浙江全社会用电量达5 514亿千瓦时，成为全国第四个用电量突破5 000亿的省份；全社会最高用电负荷达1.002亿千瓦，成为全国第三个负荷破亿的省份。共同富裕示范区建设第一年，浙江把发展这块"蛋糕"做出了新成绩。2021年，浙江全省生产总值7.35万亿元、增长8.5%，规上工业增加值增长12.9%，城乡居民收入分别增长9.2%、10.4%。

国家电网更多更具体的能源保供举措，在浙江各地加速推进。到2025

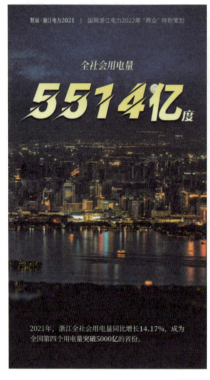 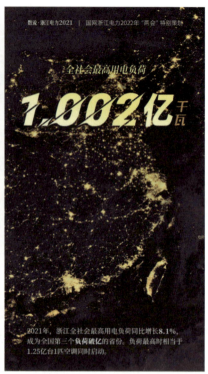

年，浙江全省110千伏以上变电容量将达6亿千伏安以上，以满足居民人均生活用电1 300千瓦时以上。

唱响"做好蛋糕"的主旋律

走过发展初期的"资源高消耗、产业低散乱"，遵循"八八战略"发展总纲，浙江不仅要"做大蛋糕"，更要"做好蛋糕"，以"切实转变经济增长方式"为基础打造高质量发展高品质生活先行区。从"绿水青山就是金山银山"中赢得了发展先机的浙江，坚信绿色是最动人的色彩，坚持绿色低碳的高质量发展之路。在宁波、温州、舟山、台州等海域打造3个百万千瓦级海上风电基地，利用滩涂和养殖鱼塘等建设300万千瓦以上的渔光互补、潮光互补光伏电站，在台州大陈岛利用富余风电制造零排放"绿氢"……无不述说着浙江在探路共同富裕中坚持绿色发展、绿色用能的决心。

五、社会责任篇

嘉兴2号海上风电

(来源：顾剑豪摄影)

温岭江厦潮光互补智能光伏电站

(来源：孙金标摄影)

大陈岛氢能综合利用示范工程

（来源：沈海松摄影）

眼下，借助"节能降碳e本账"数字化平台对企业用能实现精准测算，浙江正在探索一条重点行业企业"先预算、后用能"的精准用能管控路径，高产、高效、低耗及新兴产业和项目，将会获得更多的用能指标。衢州华海新能源科技有限公司作为新兴产业，就获得了比核定用能基数多2 363.99吨标煤的2022年度用能预算指标。

然而，不论是供应侧多元的清洁能源，还是消费侧精准的降耗管理，都还面临着关键技术、体制机制等方面亟须破解的痛难点，只有解决掉这些痛难点才能确保浙江始终在绿色低碳的高质量发展轨道上。

通过大力推进科技创新、数字化与绿色低碳的融合聚变，推动全社会深刻变革。国家电网选择浙江建设新型电力系统省级示范区，重点研究大电网与分布式、微电网融合发展方案，以及适应新能源发展的政策和市场机制，在风光水电核等多种能源互补互济、电力系统灵活调节、电网安全稳定控制、电力市场机制建设等方面积累实践经验，应对"双碳"目标下供需双侧

五、社会责任篇

宁波象山县涂茨镇珠山上的风力发电

（来源：王启翔摄影）

的加速挤压，当好浙江高质量发展的"助推器"。

一年来，国网浙江电力重点推进机制创新、改革探索、场景建设、实际应用，通过放大丰富储能、科学用能、坚决节能、政策赋能四个关键"能"，强化电源合力、电网弹力、数字活力、创新动力四个关键"力"，切实发挥每千瓦调节能力，持续增强电网高承载、高互动、高自愈、高效能的四个能力。

在杭州、丽水，以低碳转型实践为重点，建设城市级新型电力系统和零碳能源互联网示范工程；在嘉兴、金华、绍兴、湖州，以探索大电网与微电网融合发展为重点，建设新形态配网、微能源网、多能耦合直流配电、光储直柔云示范工程；在宁波、温州、台州，以支撑新能源大规模发展为重点，建设氢电耦合、新型储能、低频输电示范工程。

新型电力系统是一个复杂的系统工程，需要久久为功。但随之而来的变化却迅速而有效，浙江电网新能源消纳能力持续提升，服务电动汽车等多元

海宁尖山源网荷储协调控制系统

（来源：吴亦冰摄影）

负荷快速发展，同时通过平台作用激发多元市场活力，并惠及全社会。今年4月19日，国网（宁波）综合能源服务有限公司完成浙江省首笔绿电社会化聚合交易，交易聚合了2家社会企业所属3座光伏电站共计125万千瓦时绿电，其中大部分用于1家服装企业的进出口贸易绿色减碳。再用一组数据更直观感受变化：2021年，浙江新能源装机容量2 496万千瓦时，消纳清洁能源电量1 670亿千瓦时，电动汽车充电量3.15亿千瓦时，推动社会节约电量17.07亿千瓦时，有力推动2021年浙江省单位GDP能耗下降17.3%。

支撑"分好蛋糕"的探索者

"做大做好蛋糕"是"切好分好蛋糕"的物质前提，"切好分好蛋糕"也是进一步"做大做好蛋糕"的激励基础。实现共同富裕，需做到两者动态兼顾、相互兼容。浙江紧扣缩小"三大差距"主攻方向，让发展成果更多更公平惠及全体。

推动城乡公共基础设施发展、公共服务均等化是公用事业行业在实现共同富裕中的基本担当。

依照长三角一体化示范区省际电力联络协议，浙江嘉善、上海青浦、江苏吴江两两之间的三处10千伏联络工程相继投运，交界线路末端实现跨省市县互联。一批产业项目相继落户示范区，奏响长三角一体化发展的凯歌。正在建设国内首个"绿色共富"乡村电气化示范县的湖州安吉，电能在终端能源消费的占比已提高至55%，促进传统农业示范点生产效率提升40%。一年来，国家电网在浙江加快推进县级电网跨越式发展，补齐山区、海岛电网发展短板，因地制宜开展边界孤立末端线路跨省市县互联，打造新时代"美丽乡村"配电网示范。到2025年，浙江四分之三以上山区县都将拥有两座以上220千伏变电站，建成100个现代化农村电网示范区，农网供电可靠性提高99.95%以上。

嘉善县姚庄镇桃源输电网

（来源：卓志昊摄影）

长三角一体化示范区首个电力物资供应商自助服务点在嘉善启用
(来源:李超摄影)

国内首条35千伏低频海缆登陆大陈岛
(来源:叶晗迪摄影)

随着138家"红船·光明驿站"投入运营和1.08万家村级便民服务中心入驻电力业务,浙江城乡电力服务均等化不断深入。淳安下姜村90岁的独居老人姚七月用电热壶烧水引起跳闸,自己还滑倒在厨房地上。万幸,乡村智慧能源服务平台第一时间发现了老人家里的异常用电情况。5分钟后,收到信息的村社工江光华就赶到了老人家。

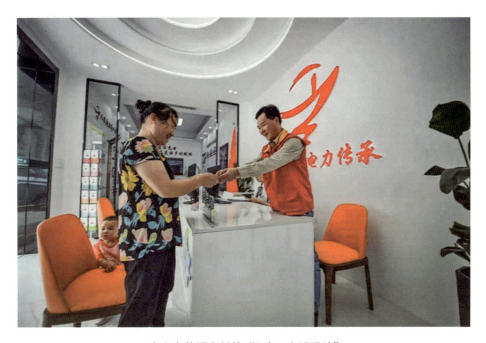

嘉兴嘉善缪家村的"红船·光明驿站"

(来源:李超摄影)

2021年,国网新昌县供电公司发布"乡村振兴电力民生指数","网红村"下岩贝村以106.55的幸福用电指数脱颖而出,却在仅为80的绿色用能指数上"败北"。新增公共充电桩8个,推进农房屋顶光伏板安装1 376平方米,国网新昌县供电公司帮助下岩贝村实现了绿色用能指数提升32.7%,更是吸引了一批自驾电动汽车的旅客,提高了收益。

推广优质普惠电力服务,国网浙江电力承诺,到2025年,浙江农村与城市的电力服务均等化指数将达到95%以上。

浙中武义南部多山地,工业发展受限,过去以传统农业为主的发展相对

供电公司员工在下岩贝村茶园检查防霜机、灭虫灯等电气设备
（来源：张馨月摄影）

落后。上端头村食用菌光伏农业基地内，净面积约6万平方米的大棚顶部，安装了18 889块多晶硅太阳能组件，年可发电500万千瓦时，为智能温控大棚供电，余电还能上网，增加村民收益。上端头村党支部书记李海军介绍，这种板上发电、板下种植香菇的"菌光互补"项目，带动上端头村农户户均增收超过10万元。

以绿色电能为媒，用生态资源换来真金白银。在共同富裕目标下，国网浙江电力不断强化自身价值共创和价值集聚的平台作用，与社会共享发展成果。

把数据共享，赋能社会治理现代化。今年初，国网浙江电力联合国家税务总局浙江省税务局发布2021年度"税电指数"和"度均票额"，通过每消耗单位千瓦时电量所产生的增值税销售开票额来衡量经济运行效率，引导企业提升"度电价值"，为经济社会和政府单位提供价值参考。

把信用共享，参与中小微企业致富环境优化。创新构建碳征信评价体

五、社会责任篇

上端头村食用菌光伏农业基地

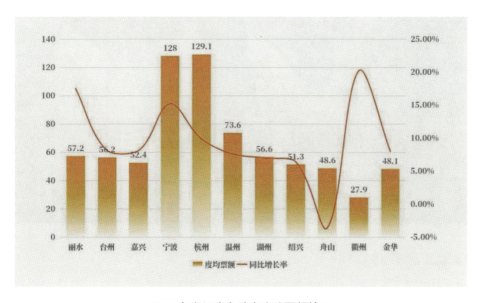

2021年浙江省各地市度均票额情况

系,累计为5 738家企业测算碳征信,帮助他们获得金融机构绿色贷款61.74亿元;依托国家电网线上产业链金融平台,累计为398家供应商提供低息融资服务34.23亿元。日前,浙江巨久轮毂有限公司就收到了来自磐安农商银行的100万"碳账户"贷款,为后续发展增添动力。

把爱心共享,让光明走进千家万户。国网浙江慈溪市供电有限公司的新晋"时代楷模"钱海军,在工作之余累计完成约2.5万小时的志愿服务,结对帮助困难老人100余户。在国网浙江电力的组织推动和支持下,通过钱海军志愿服务中心,他带动身边1 200多人开展志愿服务和公益慈善行动,惠及浙江、西藏、四川、青海、吉林等地数万人。

钱海军给西藏仁布的百姓送去发电设备

(来源:邬晓刚摄影)

责任的力量温暖而绵长。描绘共同富裕的图景,当是人人参与、各尽所能,当是每个人都看得见、摸得着、体会得到。从奋斗的脚下目视前方,之江大地上一幅壮美画卷正以蓬勃之势徐徐铺展。

五、社会责任篇

"千户万灯"公益项目进贵州

(来源：董骏城摄影)

作品点评

壮美画卷电力绘，聚力"共富"勇创先

2021年5月20日，中共中央、国务院正式印发《关于支持浙江高质量发展建设共同富裕示范区的意见》（以下简称《意见》），赋予浙江为全国推动共同富裕提供省域范例的重任。《意见》充分体现了以习近平同志为核心的党中央把促进全体人民共同富裕摆在更加重要位置，展现了党中央对解决我国发展不平衡不充分问题的坚定决心，为浙江高质量发展促进共同富裕提供强大动力。

一年多来，党中央、国务院对浙江高质量发展建设共同富裕示范区指明了亟须突破和创新的重要方向和关键领域。作为浙江高质量发展的坚强保障和重要先行，国网浙江电力迅速贯彻落实有关精神，专门研究出台了支持浙江高质量发展建设共同富裕示范区的实施意见,制定并推动一系列特色举措和工作部署落地浙江,努力为共同富裕提供先行可靠的电力保障。

在这一过程中,电力行业推动了哪些创新,取得了哪些成效?《壮美画卷徐徐铺展——国家电网支持浙江高质量发展建设共同富裕示范区周年回望》(以下简称本作品)紧紧围绕这些主体,从电力建设提高经济总量、电能转变促进经济高质量发展、电力公共事业建设缩小经济贫富差距三个角度,全面而生动地介绍了这一年中浙江电力的积极探索。

一、选题策划:聚焦热点,正当其时

2021年8月,习近平总书记在中央财经委员会第十次会议中再次强调,共同富裕是社会主义的本质要求,是中国式现代化的重要特征。12月,中央经济工作会议进一步提出,要正确认识和把握实现共同富裕的战略目标和实践途径。

在此背景下,本作品牢牢抓住"共同富裕"这一社会主义的本质要求和人民群众的共同期盼,将热点话题与电网作为紧密贴合,一展浙江电力探索共同富裕的创新路径,可谓正当其时。

二、结构安排:层层分解,步步为营

习近平总书记提出,实现共同富裕的目标,首先要通过全国人民共同奋斗把"蛋糕"做大做好,然后通过合理的制度安排正确处理增长和分配关系,把"蛋糕"切好分好。本作品以此为灵感,全文分为"稳住'做大蛋糕'的压舱石""唱响'做好蛋糕'的主旋律""支撑'分好蛋糕'的探索者"三个章节。

"做大蛋糕",即聚精会神搞建设。该章节从外部"电从远方来"和内部"电在身边挖"两个角度,介绍国家电网公司对浙江电力建设的支持作用,并用具体的正在建设的浙江电力工程作为例证。接着通过浙江的用电情况与经济数据展现电力内外联动的成果,并展望未来,期待2025年的"共同富裕"电力答卷。该章节讲述电力建设与经济发展,逻辑清晰,有理有据。

"做好蛋糕",即高质量发展问题。结合浙江的"八八战略",就是要以"切实转变经济增长方式"为基础打造高质量发展高品质生活先行区。该章节中，从"供给侧"多元的清洁能源、"消费侧"精准的降耗管理两方面展开，讲述面对技术、体制机制等方面的痛难点，国家电网如何成为浙江高质量发展的"助推器"，浙江电力在这一年中推进了哪些制度、建设了哪些低碳工程。最后，讲述成果——浙江电网新能源消纳能力持续提升，浙江单位GDP能耗大幅下降。该章节讲述电力的高质量发展，依然是从具体做法到成就，依然讲述国家电网的支持与浙江电力的实践，与第一章结构形成呼应。

"分好蛋糕"，即让发展成果更多更公平惠及全体。该章节首先讲述城乡公共基础设施发展和公共服务均等化，用"网红村"下岩贝村、上端头村食用菌光伏农业基地等生动的例子作为论证。接着，讲述数据共享，赋能社会治理现代化。最后，以"时代楷模"电力员工钱海军为例子，呼吁人人参与"共同富裕"的建设。该章节从硬性设施建设，到软性公共服务，从数据共享，到人性关怀，四个小节，详略得当，张弛有度。

三、呈现形式：视觉享受，美好展现

本作品为长篇推送，共计四千多字，文字量较大，所选配图也形式多样，来源于不同摄影者。

作品的开篇，是多幅电力员工工作照片的合集，白色覆盖的部分，照片依然向下延伸，喻示着我们看不见的地方，有更多的电力人在为共同富裕的目标而努力。照片上，大大的红色字体写着"共同富裕浙一年"，点名了浙江电力助力建设共同富裕的主题。红字下"共富美好 共赴浪漫"的灰色小字，也定下了文章的基调——共同富裕创造美好生活。

作品中出现了多人摄影的多幅作品，例如正文第一张图片，杨成拍下的电力塔在云层中若隐若现，配文"巍巍山峦间，银线穿云海"，为严肃正式的主题增加了几分诗意。例如讲述"做大蛋糕"的成果时，一左一右放了两张外观结构相似的海报，排版舒适，浙江用电量和用电负荷情况一目了然。例如讲述浙江省碳达峰碳中和主要目标时，采用简单的图表形式，可视化数据给读者降低了认知负荷。整体来看，这些图片虽然风格各异，但都具有高清晰度、高分辨率的特质，构图达到较高水平，是多位电力工作者智慧与审美的呈现。

本作品经发布后迅速获得了较高关注：微信公众号的阅读量8万+，点

赞数与分享数均1 000+；新浪微博的阅读量2万+，点赞数2 000+。在评论中，网友纷纷支持国家电网，向国家电网致敬，向电力工作者们道一声辛苦了。浙江的行业内媒体与新浪财经也进行了转发。

  但值得注意的是，本作品在公众号上没有读者留言，在微博上更多的是致敬与感谢，而没有针对该作品作更具体的探讨。究其原因，本作品为电力工作在"共同富裕"建设方面的年度总结，是更具专业性的内容，需要一定的知识储备，有一定的阅读与评论门槛。在今后的融媒体作品中，若是能让这类主题"高大上"的作品在表达上更加通俗易懂、大众友好，相信传播效果能再上层楼。

3 春天的回响｜打造数字化改革"先行示范窗口"*

* 本文为杭州公司富岑滢发布于"浙电e家",发布时间为2021-03-31,略作改动。

历史的年轮中,有一些刻度,会被深刻铭记。

2020年3月31日,在抗疫复工"两个战场"并行作战的关键时刻,习近平总书记再次踏足这片他非常熟悉的土地——浙江杭州。

在杭州云栖小镇,总书记驻足"城市大脑·电力数字驾驶舱"前,对大数据助力复工复产和疫情防控点赞称好。他说,运用大数据、云计算、区块链、人工智能等前沿技术推动城市管理手段、管理模式、管理理念创新,让城市更聪明一些、更智慧一些,是推动城市治理体系和治理能力现代化的必由之路,前景广阔。

在杭州西溪国家湿地公园,总书记看着手工匠人用清洁电能炒制的新茶,听取杭州市委主要负责人汇报说"比以前用炭,现在电炒茶还是很方便的",他指出,湿地贵在原生态,原生态是旅游的资本,发展旅游不能牺牲生态环境。

手工匠人正在用清洁电能炒制新茶

一年,时间不长,但奋进者以实干铭刻年轮,以汗水描摹梦想,以忠诚践行担当。国网浙江电力积极落实国家电网公司各项部署,干在先、走在前、作示范。如今,具有中国特色国际领先的能源互联网企业"示范窗口"的春色恰如时下江南,冒嫩绿、发新芽、有生气。

五、社会责任篇

电力大数据引领数字经济，让产业发展更聪明更智慧

3月31日上午，杭州数字化改革暨"数智杭州"攻坚年推进大会召开，国网杭州供电公司推出全国首个"产业大脑·电力驾驶舱"，探索电力大数据引领制造业高质量发展的有效路径。

市规上制造企业杭州振丰科技有限公司（以下简称振丰科技）负责人施萍是第一个尝到"产业大脑·电力驾驶舱"甜头的人。

2月底，"产业大脑·电力驾驶舱"试运行分析显示，振丰科技生产情况出现大幅下滑，连续3天用电量低于历史用电平均值40%，并一度接近于零，疑似停工停产。

异常情况迅速在"产业大脑·电力驾驶舱"中形成预警，国网杭州供电公司第一时间联系该企业的联企干部楼涛渊。在得知受原材料涨价、销售订单不稳定双重影响，振丰科技正遇到经营生产的"寒冬期"后，联企干部、经信局、供电公司多方携手，积极为振丰科技提供专业指导、拓宽展销渠

道、联系同类型企业。终于在3月20日，振丰科技获得新的大额订单，产能情况开始恢复，生产重新步入正轨。

智慧火花闪动在城市街头每一个角落。继2020年全国首创企业复工复产指数、"电力大数据+网格化防疫"，引领电力大数据服务政府科学决策，国网杭州供电公司深化赋能数字化改革，拓展电力数据应用场景，全国首创"产业大脑·电力驾驶舱"，对全市规上企业经营情况开展实时异常预警分析。

乘数字经济东风，杭州都市圈集聚了浙江76%以上数字经济规模总量和中国70%以上云计算能力。2020年，杭州数字经济核心产业实现增加值4 290亿元，增长13.3%，杭州数字技术革命为长三角高质量一体化发展提供新引擎。

3月28日，位于杭州城西科创大走廊的杭州龙软科技开发有限公司向国网杭州供电公司申请二期用电，客服中心徐文彪打开"网上电网"，通过阳光业扩模块，查看了龙软科技公司周边电源点、变电站及线路可开放容量等电网资源信息，一键生成3套符合技术要求的接入方案。

砖连砖成墙，瓦连瓦成房。眼下，长三角地区正通过织就"电网一张图"，来推动区域间相互合作、协同发展。这张图可实现前期资源信息一网通看、源网荷自定义统计、事前事中事后投资精准把控、业扩接入方案立等

立取、生产经营一套表自动生成等功能,这样的"数字一张网"应用正推动长三角区域新发展格局,实现区域间相互合作、协同发展。

数字创新赋能"双碳"实践,让杭州看得见山、望得见水

3月28日,在余杭区五常街道杭州中艺实业股份有限公司,一只电力大数据监测排污的智慧"天眼"安装到了企业产污和治污设备上。这套"电力大数据+环保"排污监测系统通过传输、比对、分析产污和治污设备的用电情况,为防止企业偷排、漏排装上了"千里眼",守住了占地10.38平方千米的西溪湿地周边区域"生态红线"。

为了让城市"呼吸"更顺畅,国网杭州供电公司联合西溪湿地经营管理公司,全面启动景区全电化改造,很快的,6台全新配变在西溪湿地先后投运,新增容量达4 560千伏安。与之相应的,湿地燃气游览车全部退出历史舞台,取而代之的是37辆电瓶游览车和101艘电瓶船。

"你看,这些船看着和老底子的客船一模一样,但开起来声响小、没尾气、浪儿小、不颠簸。"在湿地土生土长的景区车船总监沈炜彬指向充电码头边七八艘油绿的木船说。

五、社会责任篇

　　一项项"绿水青山就是金山银山"的电力实践，正让杭州望得见山、看得见水、记得住乡愁。

　　3月29日，全国最大智慧公交充电站——杭州石塘公交充电站正式启用，站内配置304个充电桩，日充电量可达6万度，预计每天可减少城市碳排放量约28吨，每年可实现碳减排约1万吨。

　　3月30日，白鹤滩—浙江±800千伏特高压直流输电工程正拉快开工准备"进度条"。建成后，西起四川、东到浙江，连绵千余公里，800万千瓦清洁水电将以光速跨越山河，为杭州直接带来接近全市负荷40%的绿电比例，实现能源清洁化率超过50%。

　　3月31日，从杭州亚组委了解到，国家电网将通过氢电耦合、特高压直流输电、源网荷储"即插即用"等多种方式，实现杭州亚运会全部场馆用上绿色电能。预计届时58座亚运场馆和亚运村将实现"绿电"供能超过5 000万千瓦时，相当于减少标煤燃烧6 100吨、减排二氧化碳1.52万吨，让绿色成为浙江的鲜明色彩。

智慧能源"充电"农业现代化，绘制乡村振兴美丽画卷

　　下姜村，地处杭州淳安县西南部山区，是习近平同志任浙江省委书记时

的基层联系点。他曾多次到下姜村实地考察,实实在在当起了下姜村脱贫致富的引路人。下姜,也成为相继六任省委书记的基层联系点。

"国家电网干得不错!从国家电网公司干的这些实际工作看出,平凡的工作只要用心了,就可以把服务增值!"正月初八,浙江省委书记袁家军来到国网杭州供电公司下姜"红船·光明驿站",从"乡村智慧能源服务平台",到在"这"电力指数和"返乡指数",再到"关爱独居老人电力大数据服务"、驿站惠农电商平台……袁家军对智慧办电、惠农助农的创新举措频频点赞。

没有一个词比"未来"更有想象力,到2025年,杭州要形成一批数字乡村、未来乡村的样板。如今的"数智杭州·宜居天堂",电力数字化改革赋能乡村振兴的新篇章悄然翻开。

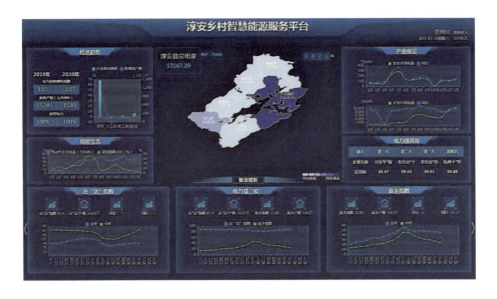

下姜村90岁的独居老人姚七月就感受到了这一数智中的温暖。大年二十五,淳安乡村智慧能源服务平台上跳出一条信息:"姚七月老人家中用电情况异常!"5分钟后,赶到老人家的村社工江光华发现老人因为用电热壶烧水引起跳闸,滑倒在厨房地上。江光华连忙扶起老人,红船共产党员服务队也第一时间为老人安装了新的防水插座。

和杭州的其他乡村一样,下姜村由于子女外出务工,60周岁以上独居老人占比接近40%，但由于乡村社工力量有限，如何关照好这些老人的生活成为全面小康的"必答题"。

在下姜村，电力大数据当起了"智慧卫士"，监护姚七月等51户独居老人的起居生活。这项"关爱老人"创新，通过老人家中的智能电表，分析老人用电情况，经过"红船·光明驿站"中的"乡村智慧能源服务"云端计算，第一时间形成红黄绿"关爱码"预警，让乡村"未来健康"服务更加高效、准确和及时。

数字化时代，这是乡村治理的智慧，更是全面小康的温度。电力+关爱老人、电力+在"这"指数、电力+返乡指数、电力+绿色出行、电力+农业……一个个闪耀着智慧火花的数据包，从村间院落、乡野大地中汇聚，进入乡村智慧能源服务平台，让能源互联网大数据与乡村治理的方方面面深度融合，为农业农村现代化持续"赋能充电"。

未来之浙江，是数字浙江。国网杭州供电公司将进一步强化数字赋能，着力建设"数智杭电"，在率先建成数字变革策源地和"整体智治"示范区中贡献杭电智慧和力量。未来之杭州，是宜居天堂，国网杭州供电公司将持

续推动能源绿色发展，在"碳达峰、碳中和"行动中积极发挥"先行示范"作用。

作品点评

巧思与专业并举，讲好"春天"的故事

2021年3月31日，适逢习近平总书记考察杭州"城市大脑·电力数字驾驶舱"一周年之际，杭州市召开数字化改革暨"数智杭州"建设攻坚年推进大会，吹响了全市数字化改革攻坚战号角。这一年，国网浙江电力服务全省数字化改革的工作同样初显成效，奋力干在先、走在前、作示范，向建设具有中国特色国际领先的能源互联网企业"示范窗口"目标稳步迈进。

一、标题点"春"：于春天回望"春天"，以实践与成绩回应总书记的点赞与期许

作品以"春天的回响"为题，既对国网浙江电力以往数字化改革实践与成绩进行实录与总结，又凝聚与表达出未来在深化数字化改革中接续奋斗、先行探路之信心与决心。高标站位且耐人寻味的标题，可谓兼具宏观通览的战略视角与微观细察的人文眼光。

二、立意源"春"：以具体数字化改革实践成果透视企业革新奋进中如春般的勃勃生机

作品从"服务数字经济、绿色低碳发展、共同富裕示范"维度出发，分别选取了电力大数据引领产业发展、数字创新赋能"双碳"实践、智慧能源"充电"农业现代化等鲜活实例，展现国网浙江电力在数字化改革中干在实处、走在前列、勇立潮头、争当表率的积极作为。服务数字经济中，报道聚焦国网杭州供电公司推出的全国首个"产业大脑·电力驾驶舱"，作为浙江公司把握数字化、网络化、智能化方向，服务产业数字化的有益经验，是探索电力大数据，引领制造业高质量发展的有效路径；服务绿色发展中，报道围绕国网杭州供电公司能源供给清洁化及多元融合高弹性电网

建设实践，介绍浙江公司为拓宽"两山"理念转化通道，促进绿色经济价值提升的创新努力；服务共同富裕中，报道关注国网杭州供电公司新型供电服务体系的构建与优质普惠电力服务的推广状况，展现浙江公司为推进能源互联网大数据与农业农村现代化、乡村治理数字化深度融合的接续奋进。

三、内容富"春"：以极富代表性、典型性的事例呈现出浙电人踔厉奋发、实干为先的生动画面

作品立意高远且未停留于抽象阐述，以一个个细节丰满的案例填充体例完整的骨架，因而具有架构清晰、层次分明、有趣可读的突出特点。需要注意的是，报道中事件的选取颇为讲究，事件的讲述也详略得当。这一方面体现了创作者平日对素材的积累和分类的高度重视，使其面对选题时"有话可说"；另一方面也展现了创作者对文章主线的精准把握，使其组织材料时"说得漂亮"。这一特点在服务乡村振兴部分表现突出，这一工作的核心是人，在报道中讲好具体的人的故事方能使得故事有温度，观者看得明、听得进、入得心。姚七月老人的数字监护案例虽短小却处处扣题，了解了"用电热壶烧水引起跳闸"的事故原因后第一时间为老人安装"防水插座"，一句话既交代事件因果又点明相关责任的同时，彰显红船共产党员服务队的思虑周全，足见文字功力。

四、制作摹"春"：深谙新媒体图文特性，细节处尽显巧思无限

作为一篇融媒体报道，自标题制作起该作品就尽显巧思与诚意。难能可贵的是，标题中的"春天"意象几乎贯穿全文。细节与诚意是受众能够通过字里行间、一图一文清晰感知的，而这份被尊重也能够通过作品的相关数据量得以显现。同时，作品擅长利用动态图片形式，首图"春天的回响"开篇吸引注意力，质量上乘、制图要求高。善用、敢用动图是创作者在深谙新媒体创作规律基础之上专业素养与能力的彰显。

五、效果迎"春"：凝心聚力明站位、赢认同，勇立潮头展形象、获肯定

从微信公众平台的数据来看，作品阅读量10万+，点赞数与在看数均

5k+，评论数近百且评论内容同文章高度相关。这些数据与现象都是该作品取得优质传播效果的明证，国网浙江电力作为一个立体、客观、真实的数字化改革行动者的形象赫然树立。具体而言，对内是一次潜移默化的党建引领，员工通过作品的梳理与呈现了解公司战略及政策实效，增强工作的获得感与认同感，明确政治站位，提高政治判断力、政治领悟力、政治执行力；对外是一场低调诚朴的形象展演，国网浙江电力作为一个胸怀"国之大者"、保持争先锐气、付诸率先行动、干出领先业绩的数字化改革先锋，一个有温度、肯实干的数字化改革"先行示范窗口"被公众了解与认知，社会好感度得到增强。标题点"春"、立意源"春"、内容富"春"、制作摹"春"、效果迎"春"，优秀融媒报道固然需要巧思与专业，但只有建立在扎实的实践之上方能言之有物、言之有理。在实践中发现素材、以战略引领思路、用专业摹写内容、将诚意奉献用户，好的融媒作品自当如是。

4 看浙江电力如何下好先手棋*

2020年9月,我国提出"二氧化碳排放力争2030年前达到峰值,努力争取2060年前实现碳中和"的目标,掷地有声。电力系统是能源链的枢纽环节,以及经济社会发展的重要支撑。距离碳达峰、碳中和目标的提出即将一年,这一年,一场声势浩大的能源变革在之江大地加速推进。

"双碳"目标下,能源是主战场、电力是主力军。从能源的供给、配置、消费、技术、体制等多方发力,国网浙江电力下好先手棋,率先探索浙江的碳达峰路径与碳中和方向。

---

* 本文为融媒体中心陈丽莎发布于"浙电e家",发布时间为2021-09-14,略作改动。

重塑式打造新型电力系统

在以新能源为主体的新型电力系统构建下,电源侧、电网侧、负荷侧都面临着系统性重塑,储能、氢能技术等将成为电网发展的有效支撑力量。

当前,国网浙江电力以高弹性电网为核心载体,系统推进"源网荷储"协同互动,加快打造国家电网新型电力系统省级示范区。

具体来看,即浙江以电网弹性提升主动应对大规模新能源和高比例外来电的不确定性,通过资源集聚、弹性承载、数字赋能、机制突破等,走出一条受端大电网多元融合发展的新型电力系统建设之路。

国网浙江电力服务开源,通过加快特高压环网建设,提升清洁能源入浙能力,积极发展本省风电、太阳能发电并确保全消纳。截至8月底,浙江并网新能源电站303个,并网容量2 189万千瓦,首次超过全省电源总装机容量的20%。

国网浙江电力注重电网弹性智能发展,实施输电通道动态增容和分布式潮流控制技术等,提升区域电网承载力和安全性。同时,有序引导工厂、商场、电动汽车充电设施等电力用户参与负荷供需调节,预计到2023年,浙江电网的柔性可调节负荷将达到千万千瓦级别,相当于一个特大型城市的用

五、社会责任篇

电规模。

储能、氢电耦合等新技术应用在浙江陆续落地。

9月9日,杭州亚运低碳氢能示范工程启动建设。该项目由国网杭州供电公司与格力电器联合开展,将利用电网谷电和光伏发电制造"绿氢",每小时可制氢约200标方,供格力园区内氢燃料电池、氢燃料大巴车和氢燃料物流车使用,还能通过"氢、光、储"多能互补,将余量氢气储存起来,在电网用电高峰时,通过燃料电池发电产生电能,扮演电网"充电宝"。

"源网荷储"柔性互动在嘉兴海宁尖山也有新诠释。海宁尖山"源网荷储一体化示范区"于今年挂牌成立,并打造了源网荷储协调控制系统。这个系统就像一个大脑,精准高效地协调好源网荷储的"四肢"。不需人工干预,系统算法可以帮助光伏发电输出的电压实时稳定。尖山芯能微电网技术有限公司通过接入该系统,电能质量得到明显提升,良品率提升了近5个百分点。

同样聚焦"高弹性",一张全域零碳能源互联网正在丽水生成。这里创新发展了风光水储能源汇集站模式,实现各种电源时空耦合、互补互济,提升清洁能源发展效益效率。

据测算,风光互补可有效降低一半以上的调峰需求。而能源汇集站正是将区域内的风、光、水等能源汇集在一起,充分发挥了光与风、光与光、风与风之间的互济和支援能力,释放电网弹性消纳空间,提高电网资源配置效率。在电力系统的重塑式变革下,在安全、清洁、经济、高效的能源供给

下，浙江高质量碳达峰的愿景也将在自然而然中达成。

以电为中枢辐射全行业

除了推进电力系统自身创新建设，以电为中心的降碳减排能量还将辐射至更广范围。

电力是优质高效的二次能源，是能源转型的中心环节，电网作为连接能源生产和消费的平台，在实施碳达峰、碳中和行动中将发挥"纽带""杠杆"作用。

浙江省碳达峰的重点领域为能源、工业、建筑、交通、农业、居民生活等"六大领域"。相关数据显示，在浙江，能源领域占碳排放总量近70%，电力碳排放占全社会比重超过50%。考虑后续供给侧、需求侧进一步清洁化，电力对浙江碳达峰贡献度将超过50%。

国网浙江电力在交通、工业、农业、校园、景区、港口、商业餐饮、居民生活等全领域开展电能替代，加速终端能源消费市场再电气化。以交通为例，浙江的公交领域电动化率已超37%。去年一年，浙江通过推广电动汽车减少碳排放56.2万吨，如果将浙江目前的全部燃油汽车替换为电动汽车，将减少全省总碳排放量10%以上。

国网浙江电力还通过开展清洁能源、综合能效、多能供应、新兴用能、智慧用能、能源交易等综合能源服务,全领域推进节能减排。小到绿色智慧照明,大到建筑能源管理,都可以通过优化用能解决方案,提升能效水平。

宁波奉化行政服务中心经过改造,一年可节约电量约30万千瓦时,减少二氧化碳排放约240吨;杭州余杭的余之城商业综合体通过打造"零能耗建筑",每年可节约标煤约118吨,减排二氧化碳366吨……建筑在碳排放总量中占比颇高,为实现建筑低碳运转,国网浙江电力面向政府机关、学校、医院、酒店、大型商业体、工业建筑等开展节能改造。

在与交通、建筑一起被视为碳排放"大户"的工业领域,国网浙江电力将数字化应用发挥得淋漓尽致。

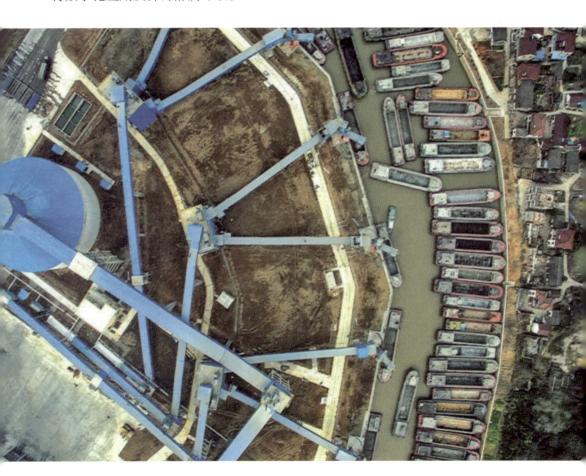

国网浙江电力承担建设了浙江省能源大数据中心,当前已接入省内电力、煤炭、石油、天然气等四大行业数据3.2亿条,贯穿能源生产、传输、消费全过程与能源运营、能效与碳排放监测分析,为服务政府整体智治、经济社会发展、清洁低碳转型、社会民生改善做好战略支撑。

依托能源大数据中心,国网浙江电力在湖州率先推出"绿电碳效码",推进企业节能改造,并联合金融机构推出"碳惠贷"等金融产品,帮助企业实现"低碳+增收",单位产值碳排放量越低授信越高。8月20日,浙江志鑫纺织印染有限公司凭借"绿电碳效码"3级获得了碳效贷款1 345万元。企业负责人丁志农说,贷款将用于绿色技改,完成后预计单位产值碳排放量下降近10%。

在杭州萧山,一个"双碳大脑"也于碳达峰、碳中和背景下应运而生。这个智慧大脑深层次汇聚了电、气、煤、油等重要数据,并利用能-碳、能-电、电-碳关联算法,构建能源、工业、建筑、交通、农业、居民生活六大领域碳排放计算模型,建立"双碳"管理指标体系和区级、部门、企业的三级驾驶舱,实现各方协同,促进碳管理"一体智治"。

助力提升光伏项目发电效能的"绿电碳效码"正在推广应用;借力大数据,衢州在全国首创工业企业碳账户体系;基于国网新能源云的浙江省工业

碳平台场景应用正式上线……将能源与数字化结合，国网浙江电力还在继续开拓着越来越大的应用版图，推动能源电力全产业链数字化智能化，以中坚之力推动经济结构清洁化高效化。

共建共享的低碳价值共同体

来自上海的背包客余萌萌在杭州淳安县下姜村"栖舍"民宿体验了"低碳入住计划"，获得了一张专属的"电子碳单"，并凭借自己的绿色用能行为赢得了绿色积分、抵了部分房费。这一"碳单"，已为浙江500多家酒店降低能耗将近10%。

在湖州，基于"绿聚能"平台，民宿安装的智慧系统可实时观察游客入住房间的用电能耗。达到绿色环保区间，游客即可领取"生态绿币"向店家兑换住宿优惠。

用户以自己的绿色用能行为转换"真金白银"，这便是普惠碳市场激发出的绿色低碳消费潜力。

从衣食住行游发端，到构建更大规模的减排量、配额碳市场，浙江一直在探索。国网浙江电力致力于完善低碳循环导向的要素配置体制机制，推动能源关联环节和领域形成广泛联系的价值共同体。

在宁波梅山，国网浙江电力最早探索构建高弹电网市场化机制，尝试"机制减碳"：试点高弹性电网市场化交易机制，探索"源荷储碳能"5类场景，首创消费侧竞价的绿色电力市场化交易机制，满足外贸企业获取欧美订单的碳排放考核指标要求，推动国家层面建立国际认可的绿色电力消费认证体系，并创新碳资产交易，达成国家电网系统内首笔碳资产国际交易。

从试点培育到各地渐次开花，通过体制机制创新，"双碳"行动催生了一系列变革。

绿色电力可交易。9月7日，浙江32家风光发电企业与30家电力用户合计成交50笔交易，成交电量超3亿千瓦时，用户侧自愿在目录电价基础上平均加价0.01元/千瓦时。购买了绿电的企业，企业品牌和竞争力得到提升，新能源企业通过卖出绿电，获得额外增值收益，实现双赢。

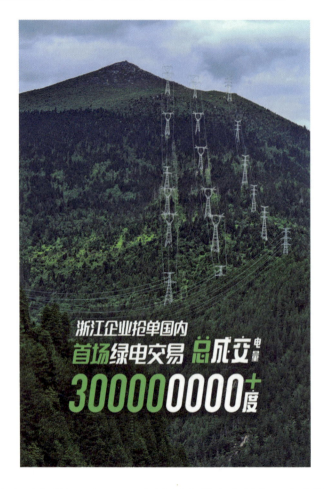

绿色技术可交易。8月18日，国家绿色技术交易中心完成首批7项绿色技术的交易，意味着市场导向的绿色技术创新体系正初步形成，带动绿色技术产业链上下游价值创造和价值共享。

减排量也可交易。浙江温州启动分布式光伏碳资产聚合试点，企业的光伏发电除了售卖电量获取收益，还能把光伏清洁能源上网的电量折算成自愿减排量。当地供电公司将这部分减排量通过国家核证后，企业就可以在碳排放权交易市场进行交易。

五、社会责任篇

"碳"已真切成为一种资产。2021年7月,在当地供电公司参与下,温州永嘉县推出"碳易贷"产品,为具有"碳"资产的企业提供贷款优惠。企业所拥有的清洁能源发电量,由供电公司将其转换为"碳积分"后,为有贷款需求的用户签发碳积分核定书,银行机构将根据核定后的"碳积分"为用户发放相应额度的贷款,并给予优惠利率。

通过市场化手段将碳排放量化、资产化,让环境成本化,倒逼更多企业主动减排、优化用能结构,这是碳市场建设的要义所在。国网浙江电力积极参与其中,促进能源清洁低碳转型发展。

在碳达峰、碳中和背景下,践行低碳不再只是某行业某个体在履行职责,而是全民参与。用能者也在成为供能者,通过需求响应,与电网形成互动。2020年以来,国网浙江电力将需求响应范围扩大到涵盖居民用户;2021年则试点开展了连续多日负荷响应专项市场交易,并探索需求响应服务费用的共享共担。

在浙江碳达峰、碳中和的远征中,共建共享的低碳生态圈与价值共同体打造,已行进在路上。低碳乃至零碳,也将成为未来的流行生活方式。

作品点评

站位高、导向明,交好"双碳"时代答卷

2020年9月,习近平主席在第75届联合国大会上明确提出了2030年"碳达峰"与2060年"碳中和"的两大目标,代表中国在气候治理方面向全世界做出了庄严承诺。

电力系统是能源链的枢纽环节,电力供应更与千家万户的日常生活紧密相连。然而,我国作为一个传统的火电大国,以煤炭为代表的化石能源依旧是能源消费结构中的顶梁柱和主力军。如何在不影响人民群众正常生活、保持社会发展活力的前提下完成华丽转身,正成为摆在电网企业面前的一道紧迫的时代命题。

一、选题策划:有力回答时代命题

当时间来到2021年9月,提出"双碳"目标的一年之期将满,国网浙江电力在这颇具里程碑意义的时刻驻足回望,专题策划了"'双碳'目标下的'浙'一年"话题,通过5篇文章形成合集,系统性地梳理与回顾国网浙江电力在能源改革方面取得的重要成就,全方位展示与呈现国网浙江电力率先探索浙江碳达峰路径与碳中和方向的担当作为。这从选题伊始就站在了极高的起点之上,具有极强的时代意义,《看浙江电力如何下好先手棋》为其中一篇。

二、结构安排:渐次呈现发展之路

在整体结构安排上,本文由"重塑式打造新型电力系统""以电为中枢辐射全行业""共建共享的低碳价值共同体"三个递进式的篇章构成,循序渐进地展现"双碳"大背景下电力系统这一年中取得的重要成就。

"重塑式打造新型电力系统"——充分保障能源"生命线"。本篇章充分诠释了国网浙江电力面对这一场能源产业的伟大变革时,体现出的刀刃向内的自我革命精神。尤其是在2021年,浙江被确立为国家电网首批新型电力

系统省级示范区之一，如何锚定新能源的时代大势重塑自身成为了企业发展的首要任务。舟山海上风电场、湖州分布式潮流控制器（DPFC）示范工程、杭州亚运低碳氢能示范工程、海宁尖山"源网荷储一体化示范区"、丽水风光水储能源汇集站……一项项新能源、新技术、新工程在之江大地百花齐放，有力地展现了国网浙江电力一年以来在新型电力系统建设过程中取得的各项创新成果，坚定地走出了一条富有浙江特色的"受端大电网多元融合发展之路"。

"以电为中枢辐射全行业"——发挥好"中场线"职能。本篇章首先通过"六大领域"和一系列数据，阐明了电力行业对浙江省实现"双碳"目标不但具有十分重要的意义，而且承担着异常艰巨的任务。作为"连接能源生产和消费的平台"，电网本身有着牵一发而动全身的特点，对于下游的能源消费环节和重点行业起着积极引领作用，产生着辐射协同效应。电力系统责无旁贷，浙江电力主动"出击"，以能源的高效利用为抓手，在社会各行各业引领起一股能源清洁化、减量化的浪潮。这正是标题"如何下好先手棋"的题中之义。

本部分重点关注了交通、建筑和工业这三大碳排放"大户"领域。"减少碳排放56.2万吨，……将减少全省总碳排放量10%以上"，"节约电量约30万千瓦时，减少二氧化碳排放约240吨"，"节约标煤118吨，减排二氧化碳366吨"……一连串沉甸甸的数据，不但展现了取得的节能成果，更是浙电人面向党和人民交出的一份优异答卷。

尤其是在工业领域，浙电还为节能减排插上了数字智能化的翅膀，通过数据赋能实现了在能源监测分析领域的战略升级，并通过机制创新、体系创新为服务经济社会发展全方位提质增效，充分彰显了"人民电业为人民"的企业宗旨。

"共建共享的低碳价值共同体"——演绎"电"和"碳"的关系。本部分进一步升华，从理念创新的高度回答了"电"和"碳"之间的关系。以"场景化"的个人故事作为开头引入，使读者直观地感受到：如果自己就是余萌萌那样一个游客，节约能源能给自己带来哪些实际的益处，从而对于能源革命所带来的普惠效应有了更深刻的理解。小到以绿色用能行为兑换住宿优惠，大到绿色电力、绿色技术和碳排放量可交易，"小中见大"的叙述逻辑折射出的正是浙江省对于打造"低碳价值共同体"的精心布局和对全国碳产业这盘大棋的积极参与。

三、呈现形式：提升受众阅读体验

视频开篇，抓牢受众关注点。以视频的形式开门见山，短短不到两分钟的视频短小精悍，非常全面地展现了浙江全省11个地市在能源供给、配置、调度、消费、技术、体制等各方面取得的亮点成绩，为后文的文字内容做好铺垫。在拍摄手法上，充分运用无人机、延时摄影等新技术新手段，带领观众以第一视角的方式沉浸式感受，配以快节奏的背景音乐和镜头切换，给人以振奋之感。

形象解读，提升内容可读性。通常一篇宏观视野的专业性报道中，往往充斥着大量普通读者难以读懂的电力和能源术语。为避免新媒体作品由于这种情况而被"一划而过"，本篇报道中大量运用动态化数据、可视化图表等形象化解读方式，大幅降低了受众的理解难度，有效提升了新闻的可读性。同时，"电网'充电宝'"等创意化的表述也十分"接地气"，拉近了与受众的距离。

全景航拍，增强视觉冲击力。图片方面主要选取了航拍和全景视角，既以恢宏磅礴的气势展现了之江大地上绿水青山中的电网发展态势，又以人文关怀的视角聚焦于辛勤工作的一线电网工人，更以"剧透"的方式曝光了运用电力新技术保驾护航的杭州亚运会场馆，充分展现了国网浙江电力勇担时代使命、服务国家战略的良好形象。

"后疫情"时代的转型冷思考*

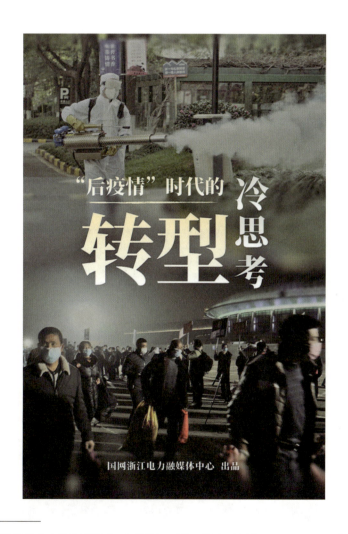

* 本文为融媒体中心陈丽莎发布于"浙电e家",发布时间为2020-04-27,略作改动。

4月27日，武汉解封后的19天，距离武汉宣布封城已经过去了95天。

在疫情防控形式持续向好之时，我们或许也需要一点冷思考，关于"后疫情"时代，也关于转型升级。

思考1　助力企业转型：节能降耗、绿色自动化大势所趋

浙江，民营经济大省，被称为经济"毛细血管"的中小型企业，在这里特别多。它们是经济活力的基础力量所在。然而，疫情之下，中小企业生存不易。

为了给中小企业减负、降压，中央到地方相继出台相关政策，减免房租、减免水电费、延期纳税、降低融资成本、信贷额度不下降……每一项政策的出台，都在为中小企业"输血"，渡过这艰难的开年难关。

国网永嘉县供电公司员工走进浙江聚盛橡塑有限公司，对该企业所属线路进行特巡，对配电室、厂内电气设备进行安全隐患排查，并了解该企业用电需求，制定供电方案。

（来源：李金辉摄影）

但,除了这样的一时"输血",帮助中小企业优化自身,提升"造血"能力也非常关键。

可以说,疫情的大考,需要全行业来一场进行自我变革的修炼。比如,电力行业如何创新服务众多企业,实现互惠互利,便是一个大课题。

翻看第一季度数据,我们或许找到了一点答案。

在今年这个特殊的第一季度,国网浙江电力的综合能源服务业务和电能替代数据保持良好态势。逆势增长的背后,总是藏着些启示。我们可以从中看见节能降耗、绿色自动化的大趋势,更可以看见企业通过能效提升而享受到的更多获得感。

(来源:丁豪摄影)

来看一些案例——

首先，智慧电务就是基于企业用能数据采集的一项综合能源服务业务。

国网浙江电力通过综合能源服务平台中的智慧电务模块，采集客户用能数据并分析，为企业提供24小时云监测、设备代运维、节能降耗、能源托管等组合式服务，做到电力服务再升级和企业成本再降低。

宁波旭日泓宇科技有限公司是一家签订了智慧电务协议的企业，属地的供电公司综合能源服务人员通过智慧电务模块，发现他们实际用电负荷不到

（来源：王幕宾摄影）

（来源：王幕宾摄影）

变压器装机容量的40%，就立即主动上门核对企业用电需求，经确认企业会在相当长时间保持低负荷，立即为该公司提供了优化基本电费计算方式，由变压器容量计收基本电费方式变更为需量计算，为企业降低用能成本，每年可降低用电成本60多万元。

其次，综合能源服务还能推动"亩均效益"提升。

在浙江，"亩均论英雄"是地方经济治理的一场深刻变革，旨在通过企业亩均效益综合评价和资源要素的差别化配置，推动资源要素向优质高效领域集中。在此背景下，电网公司为企业提供全方位的综合能源服务，实现企业用能状况的全面监控，促进企业节能降耗，推动企业在"亩均论英雄"赛跑中成为优等生。

当前，在国网浙江电力，聚焦能源消费革命，全省11家综合能源地市子公司已注册成立。这样的"分改子"行动，未来也将促进综合能源服务业务发展，从而提升全社会综合能效水平，实现"节约的能源是最清洁的能源"。

对企业而言，省下来的能源成本，可以再投向科技，向"专精特新"发展要活力，增强自身竞争力。

再看电能替代，2018年至2019年，国网浙江电力累计完成替代电量149.1亿千瓦时，支撑售电量增长2.1个百分点。今年第一季度，国网浙江电力累计完成电能替代项目3 972个，替代电量24.0亿千瓦时，同比增长10.6%。

数据背后,我们可以看到"机器换人"的更多智慧增值可能,也可以看到绿色发展带来的潜能。

在浙江黄岩北洋镇的台州绿沃川农场里,占地40余亩的蔬菜类薄膜智能联动温室内,只寥寥十余名工人在打理。大棚内的光线、温度、水分可通过系统调节,同时播种育苗机可自动完成上土、打孔、放种子、加料、喷水等作业。全自动化无土栽培技术没有污染物排放,也更环保、安全。更少的人工作业也有助于更好地应对疫情。

台州绿沃川农业有限公司总经理黄绍献说:"我们淘汰了传统低效率的人工劳动模式和高污染的农业生产机械,从播种到采收,所有环节都通过电脑总控,农产品品质得到有效保障。电气化改造后社会效应也提升明显,水资源及肥料得到精确控制,通过将水和营养液在封闭系统里循环,水肥不流失,不浪费,每200亩土地,年节约水15万吨,年节约肥1 800吨,减少农药使用量500吨。"

这也是践行"绿水青山就是金山银山"理念的具体实践。

"后疫情"时代,如何推动复工达产过程转变为转型升级过程,如何为转型积累下"绿色动力",值得思考。不论是打造绿色农场还是绿色工厂,构建绿色发展体系,敬畏自然,实现经济社会发展与生态的平衡,都是寻求可持续发展的创新之举。

五、社会责任篇

(来源：朱肇聪摄影)

思考2　自我转型：数字化服务生机无限

近期，全国各省份和地区都公布了各自1—2月的财政收入情况，其中浙江表现突出。

从浙江省财政厅公布的财政预算执行情况看，1—2月，浙江企业所得税（40%部分）290.96亿元，增长13.6%。增收主要来自信息传输软件和信息技术服务业，增长311.3%，对企业所得税的增收贡献率为113.2%。

自2月10日正式复工以来，从浙江"企业复工电力指数"看，数字经济企业自身复工复产进展迅速，远超其他产业，同时也是最早实现反超去年同期复工复产率的行业。

我们也可以看到，疫情期间，数字化远程医疗、远程在线办公、在线教育、在线娱乐得以普及，"宅经济"让线上生鲜交易井喷发展。电子商务迎来新机，各地领导干部当"网络主播"带货卖起土特产，也是一种证明。

后岱山村作为新昌的重要茶叶生产地之一，年初，因为疫情影响，茶园复工延期，茶叶销售滞后。为了减少茶农的损失，后岱山村的党支部书记王国洋开始直播带货。

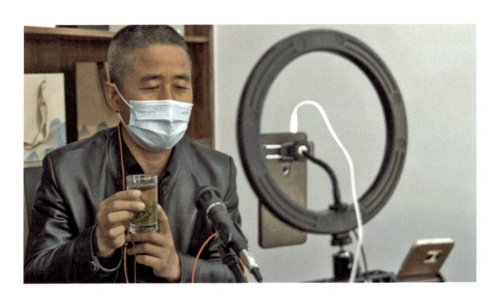

国网浙江电力检修人员在浙北特高压±800千伏复奉线检修时，也将检修现场搬进了淘宝直播间，为大国重器特高压带货，也被许多网友称为最为"硬核"的带货。

面对突如其来的疫情，传统企业数字化运营的重要性被进一步放大，学会"数字化生存"成了必备技能。某种意义上说，数字经济产业更能应对疫情冲击，疫情也反向加速了数字经济发展。同时，不论是健康码等数字防疫，还是首创"企业复工电力指数"提供精准企业"画像"，浙江的大数据应用也在"授人以渔"，助力疫情防控和全社会复工达产。数字化服务可谓生机无限。

电力行业也在积极融入数字经济发展，利用新兴技术优化电力营商环境，不断提升服务水平。

我们来盘点一下——

数字化转型浪潮涌动，其中数据是关键要素。持续提升数据管理能力，是企业管好和用好自身数据、充分发挥数据价值的前提，是大数据和数字经济深入发展的基础，也是提升企业数字化、网络化、智能化发展水平的关键。

"网上电网"便是这样的"大数据中心"。充分挖掘和汇集大数据，把现实中的电网搬上网，就形成了"网上电网"。它能实现各类型、各专业、各

环节信息的全量采集，也能让工作人员点击鼠标就直达工程现场。通过数据贯通，打破专业壁垒，仅国网杭州供电公司依托"网上电网"科学规划，预计"十四五"期间可节约投资近10亿元。通过实现电网"数字孪生"，让规划投资全流程清晰科学也不再是难题，也让"获得电力"持续加速，10分钟为客户提供个性化供电方案成为现实，大大优化了客户体验。

同理，面向客户侧的"网上国网"也是。它吸收融合了各类新型业务，为住宅、电动车、店铺、企事业、新能源等全类型客户提供便捷办电、智慧用能等多元化服务，成为"一网通办"的新窗口。从1月24日到4月19日，浙江全省通过网上国网APP已受理用电报装申请34.02万笔、交费111.45万笔，提供电子发票11.52万张，在疫情期间让客户少跑腿。

同时，随着数字经济高速发展，数据确权、管控等安全问题日益突出，数据治理也成为关注焦点。区块链作为核心技术自主创新的重要突破口，其去中心化、分布式、防篡改、高透明、可追溯的特性为数据治理提供了新的方向。

当前，国网浙江电力正通过应用区块链技术，推进现代智慧供应链体系建设，于4月13日正式上线基于区块链的电子合同签署平台，实现供应商业务办理"一次都不跑"，且签署全流程可见、认证多维度可信，有效解决疫情防控形势下线下合同签约效率低、周期长等问题，既高效又安全。

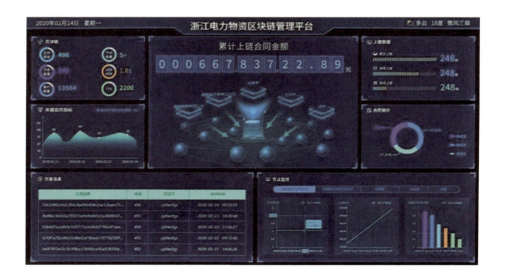

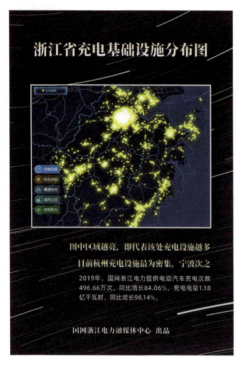

有理由相信,未来,区块链也将成为全行业推动数据资产交易、数据开放共享等取得突破的重要技术力量。

此外,随着智慧城市建设不断推进,智慧能源基础设施等建设步伐也将加快。今年国网浙江电力拟投资超2.5亿元建设充电桩,并进一步丰富和完善充电设施大数据采集分析,助推车联网产业发展。

当然,电力融合数字经济的探索实践还有很多。在"后疫情"时代,如何在数字化变革中构建新的竞争优势,以数字化、网络化、智能化为创新引擎,在新设施、新技术、新应用、新产业上赢得先机,这值得深思。如何让疫情中产生的阵痛更快地成为过去,克服"成长的烦恼",收获"新的发展",最终"凤凰涅槃""弯道超车",这值得期待。

思考,再出发,在春潮涌动时。

作品点评

新使命·新角色

推进国家治理体系和治理能力现代化,是中国基于复杂现代性理念、自主探索在超大规模国家实现现代化道路上所做出的重大战略决策。国家治理现代化不仅使得政府、社会、市场关系更加趋向和谐,也给新闻宣传提供了宏大主题以及积极作为的实践场域。新闻媒体作为多元治理体系中的一元参与社会治理,如何充分发挥新闻媒体的主体性,则成为社会对其新的角色期待。《"后疫情"时代的转型冷思考》这篇报道抓住了时代热点问题,通过对

"后疫情"时代企业转型升级的"冷"思考,积极参与国家治理,充分发挥了新闻媒体的主体性,有力回应了社会对新闻媒体新的角色期待。

一、研判大势走向,引领社会舆论

习近平总书记指出:"宣传思想工作要把握大势,做到因势而谋、应势而动、顺势而为。""后疫情"时代,企业如何在国家"输血"促进复苏的同时,加强自身"造血"能力,是时代思考的大课题,也是社会面临的大难题。"疫情的大考,需要全行业来一场进行自我变革的修炼",《"后疫情"时代的转型冷思考》通过对浙江众多企业的分析思考,准确把握住了"转型升级"的时代大势。文章以电力行业为例,将"如何创新服务众多企业,实现互惠互利"视作电力行业面临的主要问题。无论是基于企业用能数据采集的智慧电务,还是综合能源服务对"亩均效益"提升的推动,抑或是"机器换人"的更多智慧增值可能,体现的都是国网浙江电力对这一问题的思考和探索。

正是通过对大势走向的正确研判,使得这篇文章能够引领而非简单地顺应、引导社会舆论。引导与引领虽然只有一字之差,体现的却是主动与被动的差别。引导舆论是我国新闻媒体的一项固有职能,其作用的发挥往往体现在舆论产生后的被动引导。而引领舆论则是新闻媒体对国家治理的主动参与,是新闻媒体主体性的体现。正如本文在正确研判大势的基础上,主动设置议程,将社会舆论的焦点吸引到"'后疫情'时代企业转型升级"这个议题上,从而成功地引领了舆论。

二、参与国家治理,积极建言献策

习近平总书记在《加快推动媒体融合发展》中指出:"正能量是总要求,管得住是硬道理,现在还要加一条,用得好是真本事。"可以说,本文便很好体现了"浙电e家"的真本事。

文章在深入分析浙江各大中小企业成功实践案例的基础上,将数字化服务在企业转型升级中的作用凸显了出来,认为数字化服务为企业提供了"无限生机"。以国网浙江电力为例,充分挖掘和汇集大数据,把现实中的电网搬上网所形成的"网上电网"不仅实现了各类型、各专业、各环节信息的全量采集,而且还能让工作人员点击鼠标就直达工程现场,使得"10分钟为客户提供个性化供电方案"成为现实,大大优化了客户体验;面向客户的"网上国网"则吸收融合了各类新型业务,为住宅、电动车、店铺、企事业、新能源等全类型客户提供便捷办电、智慧用能等多元化服务,成为"一网通办"的新窗口;通过应用区块链技术,推进现代智慧供应链体系建设,实现供应商业务办理"一次都不跑",签署全流程可见、认证多维度可信的电子合同签署平台也有效解决疫情防控形势下线下合同签约效率低、周期长等问题,既高效又安全……通过对这些成功的数字化服务建设的深入报道,文章不仅是"授人以鱼",更是"授人以渔",为国家、社会有效治理、复苏、激活受疫情影响的经济,推动"后疫情"时代企业转型升级提供了参考借鉴。

"冷"思考,体现的是"热"作为。总体而言,文章不仅正确预判了"后疫情"时代的大势,成功引领了舆论,而且积极建言献策,参与了国家治理,充分体现了新闻媒体的主体性。

6 | 9 119万千瓦！五创历史纪录！与法国相当，超过德国！*

* 本文为融媒体中心王晓，调控中心倪秋龙，衢州公司杨晓璇、吴文涛发布于"浙电e家"，发布时间为2020-08-13，略作改动。

守正 融合 创新
电网企业融媒体优秀作品选

8月13日13时40分，浙江全社会用电最高负荷达9 119万千瓦，不仅是今年第五次创下历史新高，更是首次突破9 000万千瓦，成为继广东、江苏之后全国第三个突破9 000万千瓦的省份，最大负荷相当于4个三峡水电站满负荷发电，与法国电网负荷相当，已经超过德国电网负荷。

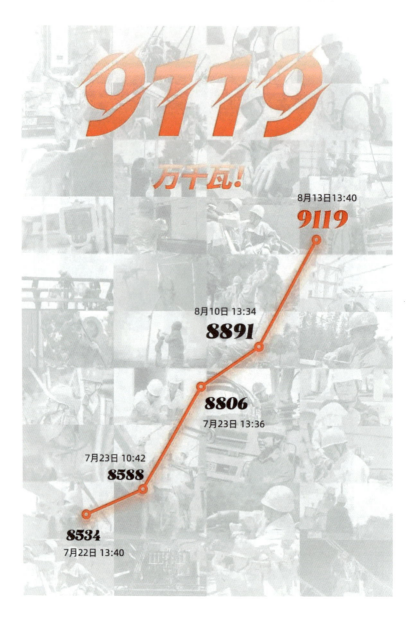

为什么负荷这么高？

持续高温天气带动降温负荷快速增长，以及经济回稳向好，是拉动浙江负荷持续上升的"两驾马车"。

持续高温天气带动

据分析，此次浙江全省负荷创新高，空调带动的降温用电贡献了40%。

本周，副热带高压放大招，浙江迎来今年以来最热的一波晴热高温天气。大部分地区出现35℃以上高温，局部地区达37℃以上。

截至今天13时，浙江各地发布高温橙色预警38个。今天14时，在中央气象台发布的"全国气温排行榜"上，全国前十中浙江就占据7席。浙江人民冬季里的小愿望，"集中供暖"终于实现了！

今天，杭州、宁波地区全社会用电负荷突破1 600万千瓦，嘉兴全社会用电负荷冲破千万。

今夏以来，全省11个地市电网负荷均创历史极值，其中，舟山更是16次刷新用电负荷纪录。

8月13日全国气温最高Top10

来源于2418个国家级气象观测站　　8月13日14时

1	徐汇区	上海	38.6℃
2	奉化	浙江	37.8℃
3	慈溪	浙江	37.8℃
4	遂昌	浙江	37.6℃
5	镇海	浙江	37.6℃
6	宜都	湖北	37.4℃
7	宝山	上海	37.3℃
8	云和	浙江	37.3℃
9	杭州	浙江	37.2℃
10	诸暨	浙江	37.2℃

浙江经济回稳向好

据分析，此次浙江全省负荷创新高，与经济增长相关的用电贡献了60%。

今年上半年，面对疫情带来前所未有的冲击，浙江经济触底反弹，3月份以来主要经济指标逐步回升，半年同比增长0.5%，最终实现正增长。

电力是经济发展的晴雨表，上半年国网浙江电力同样经历艰难开局，并绘制了用电量增长触底、降幅收窄和强势转正的曲线，最终迎来了快速增长。6月份，浙江全社会用电量435亿千瓦时，同比增长14.1%；7月，全省全社会用电量484亿千瓦时，同比增长7.8%。

随着疫情防控形势的持续向好，上半年被压抑的生产、消费需求将被进一步释放，全社会用电量或迎来持续增长。

不只是用电负荷创新高，受气温升高和经济回暖进程加快影响，浙江全省的日用电量也在连续快速攀升，8月12日用电量比上月12日增长了2.53亿度，截至目前，8月用电量同比增长12.26%，增速显著。

负荷这么高，电网扛得住吗？

今夏浙江电网最大供电能力为9 300万千瓦，电力供需平衡。目前，浙江电网运行平稳，全社会供电正常有序。

负荷的提升离不开坚强的电网

上半年，国网浙江电力克服疫情防控压力大、建设工期紧、物资供应难等困难，超额完成电网建设任务，开工和投产规模双双超出年初计划，全省配网322个迎峰度夏配套工程全部按期投运，为保障今夏我省用电高峰电力安全可靠供应做好了充分准备。

浙江首套调相机工程——金华换流站调相机工程成功并入浙江电网，为浙江"两交两直"特高压骨干网架的安全稳定运行提供强有力支撑。提前开展设备动态增容，建成国家电网首个线路动态增容规模化示范工程，20条主网线路合计提升输电能力200万千瓦，有效缓解宁波、金华、湖州、舟山局部供电能力不足。

据预测，整个8月中旬，随着副热带高压加强西进，浙江将以晴热高温天气为主，如果持续35℃以上的高温，浙江电网最大用电负荷可能持续攀升。国网浙江电力将继续全面落实大电网安全运行措施，持续优化电网运行方式，加强特高压直流满功率输送运维保障工作。此外，密切跟踪天气和负荷变化，精心开展电网调度，在夏季负荷高峰期间不安排计划停电工作，确保电网以全接线全保护运行。优化水电、天然气机组顶峰发电方式，最大限度地发挥省内机组发电能力，同时争取国家电网公司、华东电网对我省电力供应的支持力度，做好跨省中短期电力交易。

市民在家也能快捷方便办电

国网浙江电力继续推行便民惠企新举措。推行"阳光业扩"服务，实现业扩报装全业务、全流程、全要素线上流转；优化用户办电智能互动产品"办电e助手"，用户通过该平台可以像网上购物一样，随时与客户经理互动交流、查询业务进程；深化办电"最多跑一次"理念，将"网上国网"APP用电业务融入浙江政务网、"浙里办"APP、支付宝等平台，为广大用户提供7×24小时不间断服务，目前90%的用电业务已实现线上可办；优化"网上国网"功能，提供线上办电、线上交费、增值税专票寄送等服务。在浙江，更多办电业务不用再前往供电营业厅办理，减少市民在炎炎夏日外出办理业务的烦恼。

高温闷热的天气下，所有人恨不得躲在房间里尽情享受冷饮和空调。节节攀升的负荷，正是大家对清凉爽快的渴望和依赖。

阳光很烈
他们很美
每一份惬意
是有人为你在酷暑中奔忙

每一份专注
是有人替你拂去了汗珠

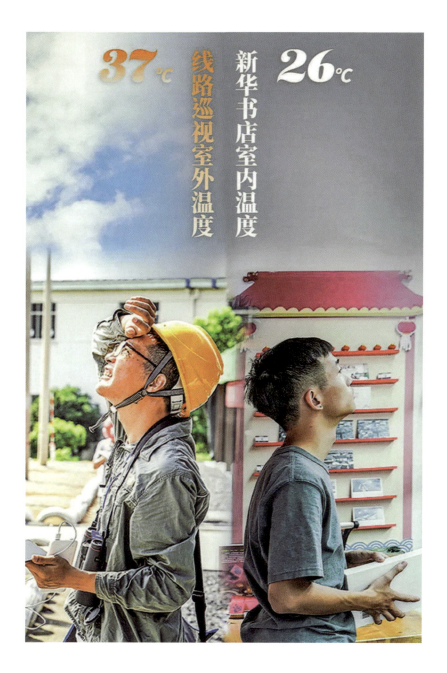

每一份美好
是有人默默担下了那份炙热

五、社会责任篇

每一份心安
是有人在身后坚定地守护

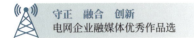

每一份清凉
是有人义无反顾地与骄阳作伴

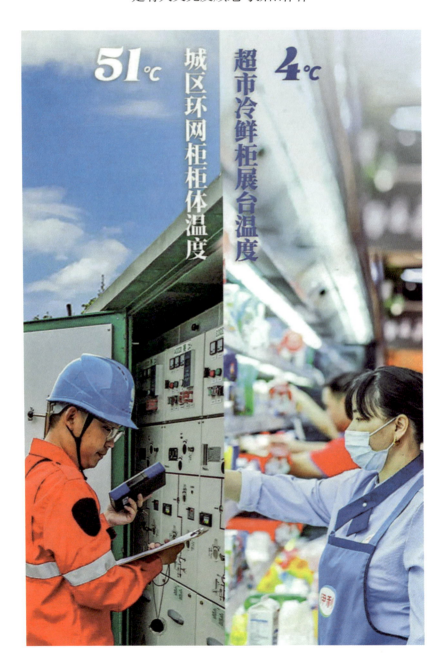

五、社会责任篇

每一份希望
是有人为你在炽热中尽心呵护

盛夏吻火
胸怀热血
人生滚烫

正面报道的"人民性"

坚持团结稳定鼓劲、正面宣传为主,是党的新闻工作的方针原则和基本经验。无论是各级主流媒体,还是国资企业宣传部门,都必须自觉承担起举旗帜、聚民心、育新人、兴文化、展形象的使命任务。《9 119万千瓦!五创历史纪录!与法国相当,超过德国!》通过对浙江全社会用电量"破九"事件的宣传报道,不仅肯定了浙江经济建设的成就,更讴歌了这项伟大成就背后默默付出的国网浙江电力的广大电力工作者,真正践行了"以人民为中心,心系人民、讴歌人民"的正面报道原则。

一、心系人民

本文对浙江全社会用电量"破九"事件进行报道,在展现"破九"所反映的浙江经济建设发展成就的同时,更进一步揭示了这一变化背后人民群众生活质量的显著提高。

正如文章所言,用电量9 119万千瓦,五创历史纪录,与法国相当,超过德国,一个重要的原因在于持续的高温天气。"据分析,此次浙江全省负荷创新高,空调带动的降温用电贡献了40%。"在高温炎热的夏季,老百姓有电可用,有空调可开,舍得开空调,本身便很能说明问题。

2020年夏天,全球范围内都遭遇了持续的高温酷暑天气。欧洲许多国家因为高额费用等诸多原因,空调普及率并不高,而中国得益于改革开放以来经济的高速发展,电力基础设施建设增长快速,用电设施快速普及。据了解,目前中国的空调普及率高达60%以上,仅次于美国和日本。尤其是考虑到中国广袤的国土、庞大的人口数量以及城市乡之间的差异,60%的普及率无疑是一个相当了不起的成就。文章秉持心系人民的情怀,从"空调用电量"这个细微切入点着手,使读者切身地感受到"发展为了人民""发展成果由人民共享"的深刻内涵。

二、讴歌人民

中国共产党的根基在人民、血脉在人民、力量在人民。"学习和掌握人民群众是历史创造者的观点,紧紧依靠人民推进改革。"无论是土地革命胜利,还是抗日战争、解放战争的胜利,抑或是建国后我国从一穷二白的落后的农业国家一跃成为现在的世界第二大经济体,人民群众都在其中扮演了至关重要的角色。数以亿计的人民群众在中国共产党的领导下凝聚成一股股奔涌的历史洪流,推动中华民族伟大复兴的车轮不断前进,如此伟大的人民群众应当被看见、需要被尊敬、值得被讴歌。

文章最为可贵之处,恰恰在于对劳动人民的讴歌。在自豪于"破九",自豪于经济增长,自豪于群众生活水平提高的同时,这篇报道也不忘将聚光灯打在幕后默默奉献的电力工作者身上。"每一份心安是有人在身后坚定地守护""每一份清凉是有人义无反顾地与骄阳作伴""每一份希望是有人为你在炽热中尽心呵护……"国网浙江电力全体员工"克服疫情防控压力大、建设工期紧、物资供应难等困难,超额完成电网建设任务,开工和投产规模双双超出年初计划,全省配网322个迎峰度夏配套工程全部按期投运",为保障浙江夏季高峰电力安全可靠供应搭建了一张坚强的电网。文章对电力工作者的讴歌无时无刻不在向读者传递着一种强烈的信念:"谁说站在光里的才是英雄。"

三、以人民为中心

我国的新闻宣传机构不单是党和政府的耳目喉舌,更是人民群众的耳目喉舌。改革开放以来,我国新闻媒体伴随着市场经济快速发展,在"事业性质,企业化管理"的双重属性中迎来蓬勃生机。但遗憾的是,在互联网浪潮中,特别是移动互联网浪潮中,传统新闻机构面临着剧烈挑战,甚至生存都受到了极大的威胁。面对这一问题,运用互联网思维,改革传统媒体,向融媒体机构方向发展,成为传统媒体的必由之路。以用户为中心,以人民为中心,成为各类媒体机构的变革取向和发展之道。

这篇报道无论是对"破九"背后空调大量普及、人民群众生活水平显著提高这一细微之处的挖掘，还是对"破九"背后广大电力工作者的讴歌，体现的都是一种以人民为中心的创作理念。尤其是在文末部分，作者通过6张图片，将电力工作人员在户外高温下的工作场景与人们室内舒适的环境共同呈现在读者面前。每张图片都采用自然渐变的拼接方式，将强烈的温差对比以"数字"和"画面"相结合的形式呈现在同一张图片中，使读者更深切地感受到"每一份美好是有人默默担下了那份炙热"这一真谛，加深了其对电力劳动者的理解。全文无一处"人民"，却无处不心系人民。正是以人民为魂，使文章真正活了过来，成为一篇有血有肉、"沾泥带土"的好文章。

"盛夏吻火，胸怀热血，人生滚烫。"本文堪称"坚持正确的工作取向，以人民为中心，心系人民、讴歌人民"的一篇佳作。

在这片土地上,希望丛生[*]

从"犁地靠牛,其他靠手"
到如今用无人机播种
他适应得不错

在这希望的田野上
看他如何完成一个栩栩如生的梦?

---

[*] 本文为温州公司王雪、李艳妮发布于"浙电e家",发布时间为2021-10-30,略作改动。

他热爱田野，但她却放不下小岛
以憧憬，以倔强，以守护
带着知识和技能回岛创业

终将南麂岛的大黄鱼
搬上了世界的餐桌

她在继续着海岛振兴梦
他也还在续写着企业发展史

他很感谢
那些与他搀扶"打怪"
历经磨难的人

五、社会责任篇

其实
在这片土地上
也有很多"新"人

他们忙碌奔走，跌跌撞撞
所幸，故事的最后都是——
这座城市将他温柔拥入怀中

美好如约而至

电"润"沃土,希望丛生

无论何时
我们都不要失去奋斗的勇气
在这片土地上,一定有人陪你走过荆棘
为你拨开云雾,许你璀璨灯火

(原视频请扫描二维码观看)

作品点评

鼓舞士气,讲好百姓追梦故事

从传统的"犁地靠牛,其他靠手"到当前无人机播种,新时代农民在乡村的土地上看到了富裕生活的希望;从自给自足到将海岛上的大黄鱼搬上世界的餐桌,返乡创业的大学生正追逐着海岛的振兴梦;从杀猪场改造厂房到广阔宽敞、设备完善的配电厂,敢闯敢拼的温州商人不断书写着民营经济发展史;从心疼油费支出到换上新能源车放心载客,网约车司机由衷感慨"城市发展越来越好,生活越来越美好"……

《在这片土地上,希望丛生》以四位主人公的视角出发,讲述"电"陪伴着他们一步步前行、拥抱变化与希望的故事。四位人物来自不同行业,具有不同身份,正说明了"电"交织于每个老百姓的工作与生活中,成为百姓追梦路和民族复兴路上不可或缺的一部分。

一、选题:老百姓身边事,读者有共鸣

"人民电业为人民","电"之于人的影响,不是虚无缥缈,不是宏伟抽象，而是实实在在地嵌入了人民的生活之中。

在"电"的支持下，一个个百姓不断改善生活、实现梦想。这则作品的四个主人公，有扎根农村的农民，有返乡创业的大学生，有敢为人先的企业家，有勤恳认真的网约车司机。各行各业，不同代表，这些人物就存在于老百姓当中，是百姓群体的缩影；这些故事，就是老百姓自己的事情、身边的事情。本则作品选题聚焦于身边的人和事，人物选择上既具有丰富性，又具有典型性。记录和传播这些人和故事，贴近实际、贴近生活、贴近群众，更让读者有亲切感，产生共鸣。

习近平总书记强调："坚持以人民为中心的创作导向，努力创作更多无愧于时代的优秀作品。"何为"以人民为中心"？正是这样：走进老百姓当中，倾听老百姓的真实声音，记录老百姓的奋斗故事，感受老百姓的时代变化，才无愧于时代与人民。

二、写作：文笔诗意动人，读者有感触

本则作品由四个人物的故事组成，四个人物虽身份不同、故事不同，但文笔皆充满诗意，字字优美动人，人物的切换与衔接浑然天成，共同服务于主题——"电'润'沃土，希望丛生"，尽显巧思。

"从'犁地靠牛，其他靠手'到如今用无人机播种，他适应得不错。在这希望的田野上，看他如何完成一个栩栩如生的梦？"开篇就以引人入胜的文字勾勒出了一幅现代版的美好农村画卷：从手工劳作到机械化生产，农村的沃土上充满如梦般美好但却切切实实能够实现的希望，这是新时代农民的故事。而后文章进行转折，将读者眼前的画面切换到回乡的海岛大学生："他热爱田野，但她却放不下小岛，以憧憬，以倔强，以守护，带着知识和技能回岛创业……"寥寥数笔，一个明确志向、勇于追梦、热爱家乡的知识青年形象跃然而出。这样优美的文字贯穿于全文，也将四个人物的故事巧妙地串联在一起，主题也因此呼之欲出："电'润'沃土，希望丛生。"

文章的结尾用动人的语句鼓励和告白读者："无论何时，我们都不要失去奋斗的勇气，在这片土地上，一定有人陪你走过荆棘，为你拨开云雾，许你璀璨灯火。"正是电力的支持，才能够让你看见光亮，许你璀璨灯火。文章处处写"电"，但语句委婉含蓄、优美动人，为读者铺造一个美好温暖的追

梦旅程，更让读者深受触动。

三、形式：文字视频结合，读者有体悟

本则作品由人物的简介文字和四个视频构成，语句优美，将人物追梦故事娓娓道来；视频精良，呈现老百姓的奋进面貌。形式的创新与融合，让百姓故事更加生动。

四个视频时间长度在2～4分钟之间，短短几分钟就将人物的奋斗故事讲述得完整而清晰，不冗长拖沓，适应新媒体环境下受众的媒介使用习惯。不过，视频虽短，却制作精良，颇为用心。视频当中，既有恢宏壮观的无人机镜头，书写出乡村发展、农业发展、工业发展的宏大篇章，亦有微观细致的特写镜头，展现出每个人物在时代变迁之中不断奋斗、改善生活的喜悦。而不论是时代的宏大变化还是老百姓身边看到的变化，都离不开"电"的支持。在这各行各业变化的背后，"电"润物细无声，悄无声息地滋养着浙江的沃土，也滋生了无限的希望。

文字与视频完美结合，以文字串联起一个个故事，以视频将完整的故事娓娓道来，不仅呈现时代之变、生活之变，记录老百姓的奋斗历程，更展示了"电"的重要作用。温情优美的文字和激励人心的视频，更让读者看到当下的幸福生活，看到背后的电力支持，读者有所体悟，也对作品的主题更加认同。

四、影响：故事鼓舞士气，读者有力量

习近平总书记指出，"在新的时代条件下，党的新闻舆论工作的职责和使命是：高举旗帜、引领导向，围绕中心、服务大局，团结人民、鼓舞士气，成风化人、凝心聚力，澄清谬误、明辨是非，联接中外、沟通世界"。电力行业新闻宣传工作同样如此。

四个故事所承载的是各行各业的追梦故事，读来令人充满力量。在这则作品中，每个人的面前并不是一条坦途，不论是乡村里打拼还是大城市里奋斗，他们都面临困扰或经历挫折。但是在追梦的旅途中，他们或勤勤恳恳，或满腔热血，或勇立潮头，不断实现自己的梦想。这当中，有个人努力的要素，也有电力服务的支持。这则作品将这些看得见、摸得着的变化及

暖人心、提信心的故事记录下来、传播开来，使广大读者振奋精神、充满力量。

这则作品，既是一张"成绩单"，展现了国网浙江电力在百姓追梦路上的奉献，树立了一个负责任、有担当的企业形象；更是一封"鼓励信"，用真实、励志的故事鼓舞百姓士气、催人奋进！

图书在版编目(CIP)数据

守正　融合　创新：电网企业融媒体优秀作品选/裴增雨主编.—上海：复旦大学出版社，2023.5
ISBN 978-7-309-16838-9

Ⅰ.①守… Ⅱ.①裴… Ⅲ.①文艺-作品综合集-中国-当代　Ⅳ.①I217.1

中国国家版本馆 CIP 数据核字(2023)第 083447 号

守正　融合　创新：电网企业融媒体优秀作品选
裴增雨　主编
责任编辑/章永宏

复旦大学出版社有限公司出版发行
上海市国权路 579 号　邮编：200433
网址：fupnet@fudanpress.com　http://www.fudanpress.com
门市零售：86-21-65102580　团体订购：86-21-65104505
出版部电话：86-21-65642845
上海丽佳制版印刷有限公司

开本 787×960　1/16　印张 22.5　字数 356 千
2023 年 5 月第 1 版
2023 年 5 月第 1 版第 1 次印刷

ISBN 978-7-309-16838-9/I·1358
定价：120.00 元

如有印装质量问题,请向复旦大学出版社有限公司出版部调换。
版权所有　侵权必究